MORALE
DES
PRINCES.
SECONDE PARTIE.

MORALE
DES
PRINCES,

TRADUITE DE L'ITALIEN

DU COMTE J. B. COMAZZI.

SECONDE PARTIE.

A PARIS;

Chez P. G. SIMON, Imprimeur du Parlement, rue de la Harpe, à l'Hercule.

M DCC LIV.

Avec Approbation & Privilege du Roi.

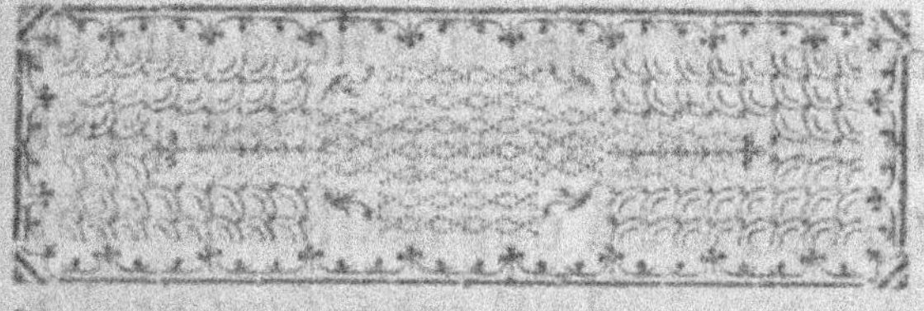

MORALE DES PRINCES.

SECONDE PARTIE.

CHAPITRE PREMIER.

CLAUDE.

NOUS voyons Caligula avoir pour Succeſſeur à l'Empire, un Oncle, que Tibere a mépriſé, & que lui-même n'a porté qu'avec peine à l'honneur du Conſulat. Claude, autant le jouet des ſiens que de la fortune, avoit pris ſon parti. Sa retraite à une maiſon de campagne près de Rome, ſervoit d'aſyle à ſon ambition, dont il contenoit les tranſports, plus par prudence, que, comme pluſieurs Auteurs l'ont cru, par ſtupidité. L'Auteur moderne de l'Hiſtoire des Empereurs Romains a beau ſe déchaîner contre l'ineptie de Claude, & dire, pour la prouver, que *ſa mere, Princeſſe judicieuſe*, le traitoit de *Monſtre d'homme*, d'*homme ſimplement ébauché*, & que lorſqu'elle parloit de quelqu'un qui péchoit par défaut d'eſprit, elle diſoit *qu'il étoit plus bête que ſon fils*

Claude. Nous rendrons le Lecteur juge de ce Prince, & nous osons espérer que le jugement qu'il en portera, ne sera pas aussi inconséquent que celui de l'Auteur cité. En donnant une esquisse du caractere de Claude, que nous allons suivre dans son Gouvernement, nous mettrons le Lecteur en état de comparer sa conduite, avec ce que cet Historien en rapporte. Dans quelqu'opération que j'observe Claude, je le trouve clément, généreux, bienfaisant, & pour tout dire enfin, magnanime. Si l'Auteur, dont nous osons faire ici la critique, sans cesser d'admirer la texture de son ouvrage, la nobleſſe des expreſſions qui ſont comme à ſes ordres ; & l'élégante ſimplicité du ſtyle qui le rend ſi agréable à la lecture, a pris pour ſtupidité, la retenue prudente du Prince dont nous parlons ; s'il a pris à tâche de nous peindre Claude chargé & même accablé de difformités naturelles, ne pouvons-nous point le taxer d'inconſéquence, lorſqu'il nous rapporte, avec la ſincérité qui regne dans tout ſon Ouvrage, la vigilance de Claude à faire abonder dans Rome toutes les choſes néceſſaires à la vie, à procurer à Rome des communications utiles par des canaux commencés à grands frais,

& finis avec honneur ? Mais ces traits ne font qu'ébranler le préjugé dont les Historiens ont infecté le Lecteur ; il faut le convaincre par un détail des événemens les plus frappans du regne de Claude, & par une morale qui développe le point fondamental de politique, que ce Prince sçavoit unir à la bonté de son cœur.

A peine le Sénat apprend-t'il la mort de Caligula, qu'il s'occupe d'un grand objet, du rétablissement de la République. Il s'empare du Capitole. Claude se cache dans un recoin du Palais Impérial de peur d'être assassiné. Un Prétorien le découvre, il H crie : *Voici l'Empereur*. Secondé de plusieurs autres soldats, il présente Claude au Peuple, & le Peuple se range de son parti. Le Sénat maître du Capitole, ne s'est élevé un instant que pour faire une plus grande chûte. Il est obligé de se soumettre.

Le Sénat desire le Gouvernement Républicain, le Peuple le Monarchique. Le desir de l'un & de l'autre est fondé, je dis même légitime. Dans la Monarchie le Sénat est sujet : s'il est armé de quelqu'autorité, le Trône en est la source ; & le canal par où elle coule, peut être coupé par le Monarque. Dans la République il est Souverain, il est lui-même l'ame de sa puissance. Dans la Monarchie le Peuple est autant que le Sénat, puisqu'il est sujet du même Maître. Dans la République au contraire, son égal est son Souverain. La Monarchie ne lui donne qu'un Maître, & la République plusieurs. La Noblesse ne veut point de Prince pour attirer à elle toute l'autorité ; le Peuple craignant de multiplier ses malheurs en multipliant ses Maîtres, n'en veut qu'un.

Dès que Claude se voit assûré H
sur le Trône, son coup d'essai est un véritable coup de maître. Il frappe un coup d'Etat, dont le Prince, le plus consommé dans

l'art de regner, ſe feroit gloire. Il publie le pardon général qu'il accorde au Sénat, & à tous ceux qui l'ont traverſé ; il fait donner la liberté aux priſonniers qui étoient détenus par les ordres de Caligula.

'M Le premier acte de Prince que Claude fait, eſt celui de pardonner. S'il pardonne, c'eſt ſans doute pour faire voir que l'éclat de la Couronne ne l'éblouit point; qu'il n'a point oublié qu'il a été Sujet, & qu'il doit regarder le pardon des ennemis, comme l'action caractériſtique d'un grand Prince. Mais pourquoi ne ſe borne-t'il pas à pardonner tacitement ? Pourquoi fait-il publier le pardon ?

Si Claude pardonne tacitement, le Sénat regardera ce pardon, non comme l'effet de sa générosité, mais comme l'effet de sa crainte, & la crainte de Claude enhardiroit le Sénat. Il publie donc le pardon, parce que pardonner est dans Claude une action de Prince; parce qu'une action de Prince doit éclater, & que par cet acte il déclare le Sénat coupable. Le pardon suppose le crime. Si le Sénat se rend criminel en s'opposant à l'élevation de Claude, Claude est par conséquent son maître légitime. Lorsque le Sénat accepte le pardon, ne se déclare-t'il pas coupable, conséquemment Sujet de Claude ? Jusqu'ici le Sénat a conservé l'apparence de de son autorité, on voyoit encore quelques vestiges de l'ancienne République : mais l'effort qu'il fait en s'emparant du Capitole, n'est tout au plus que le dernier effort d'une liberté expirante; elle meurt pour ne jamais plus revivre, lorsque le Sénat souffre l'humiliation d'être pardonné. Ainsi le pardon de Claude n'est-il pas une vengeance réelle ? S'il accorde la vie aux Sénateurs, ce n'est que pour détruire leur puissance. Si au contraire il faisoit mourir lesSénateurs,cette mort pourroit rappeller la République à la vie. Je dis donc que c'est du pardon que Claude publie, que la chronologie doit dater la ruine de la République, & l'établissement solide de l'Empire Romain.

A ce trait de politique enve- *H*
loppé d'une clémence louable, Claude joint un trait de reconnoissance que l'on doit admirer. Il doit en partie son élevation à Hérode-Agrippa, il en a reçu d'excellens conseils pendant le tumulte de Rome. Nous avons vû déja dans Octavien, ce que vaut un bon Conseil à un Prince. Claude conserve (& c'est un phénomene parmi les Grands) le souvenir des services qu'il a reçus ; un des premiers usages qu'il fait du pouvoir suprême,

eſt en faveur d'Agrippa. Il lui donne la Tétrarchie de Galilée, que Caligula avoit ôtée à Hérode ſon Oncle.

M Les libéralités d'un Prince ſont une véritable économie, quand elles portent ſur la reconnoiſſance. A l'exemple du Laboureur induſtrieux, il recueille plus qu'il ne ſéme. Un Prince, avec tout ſon pouvoir & toutes ſes richeſſes, ne peut jamais donner autant qu'il peut recevoir. Un Miniſtre fidéle peut donner le Royaume à ſon Maître : mais quel eſt le Prince aſſez généreux & aſſez puiſſant pour récompenſer une telle fidélité ? N'eſt-elle pas impayable ? Le don d'un

Royaume ne peut être acquitté que par le don d'un Royaume. Mais l'Hiſtoire éleve-t'elle le cœur des Rois par de fréquens exemples d'une telle reconnoiſſance?

Claude, pour entretenir dans H
Rome l'abondance du froment, s'engage avec les Commerçans à les dédommager des pertes qu'ils peuvent faire. Cette attention pour la ſubſiſtance de Rome, précéde les impôts qu'il juge à propos d'établir, pour fournir à ce qui lui eſt néceſſaire & à l'Empire.

Lorſque Claude ſe comporte M
avec tant de ſageſſe, il veut que les Romains reſſentent les bons

effets de sa prévoyance avant qu'ils sentent le poids des impôts. Les bienfaits du Prince préparent le peuple à supporter avec patience les dépenses du Prince. Et le peuple Romain sensible aux soins paternels de Claude, ne l'est pas moins à la justice des impôts de l'Empereur. Princes apprenez de Claude à ne laisser jamais soupçonner au peuple que vous lui êtes à charge. Que vos dépenses soient à l'Etat, ce que l'insensible transpiration est à un corps bien constitué.

H Claude ne borne point ses attentions à rendre le Peuple Romain heureux pendant son regne, il veut encore le rendre heureux après ſa mort. Trois ouvrages immenſes, magnifiques & utiles l'occupent. Il fait conſtruire un Aquéduc, qui conduit l'eau à quarante milles de Rome, ſur la Colline la plus élevée. Il creuſe au niveau de la mer, un eſpace de terre dont il fait le Port d'Oſtie, Port commode & aſſuré. Il fait deſſécher le Lac de *Fucino*, le plus grand de tous les Lacs d'Italie, pour augmenter les eaux du Tibre, & les terres propres à la culture.

La magnificence d'un parti- *M*
culier opulent envers un particulier, n'eſt qu'une vertu dont le Général ne parle point, parce que le Général n'en profite pas.

Mais la magnificence d'un Prince envers le public, eſt proprement la vertu d'un Prince. Tout le monde en parle, & la loue, parce que tout le monde en profite. Rien de plus avantageux aux Rois, que de faire voir aux peuples qu'ils ne s'attachent qu'à les rendre heureux ; le moyen de les en convaincre, eſt de rendre toutes leurs dépenſes utiles au public. Faire travailler le peuple c'eſt lui faire part de ſes richeſſes ſans cependant l'amollir ; cette circulation porte la ſubſtance juſqu'aux parties les plus éloignées, & par une méchanique merveilleuſe les rapporte au centre. C'eſt le Prince. Une conduite si sage & si humaine concilie aux Rois le cœur de leurs Sujets, & regner sur les cœurs est l'appanage le plus glorieux de la royauté. Un Prince qui thésorise est un Prince riche ; mais est-il puissant? Je ne le crois point. Les libéralités d'un Prince magnifique l'appauvrissent en apparence ; mais est-il impuissant ? Je le crois encore moins. Le premier peut disposer de ses trésors, le second dispose des cœurs. Celui-là verse dans ses coffres un argent qui devient paralitique ; celui-ci le répand, & met en mouvement tous les ressorts de l'Etat. C'est un grand arbre dont le suc se porte à toutes les branches ; mais ſi le tronc eſt avare, & l'abſorbe entierement, que deviennent les branches ?

H Mais tous les hommes ſont ſujets aux viciſſitudes, & les viciſſitudes reglent les mouvements de leur cœur, qui eſt preſque toujours le tyran de l'eſprit. Les Princes y ſont d'autant plus ſujets qu'ils ſont plus expoſés à la diverſité des événements. Plus un arbre eſt élevé, plus il eſt agité en tous ſens. Claude dont le Gouvernement a mérité juſqu'ici d'être admiré, commence la preuve de la vérité qu'on vient d'établir. C'eſt le propre d'un cœur droit de ne pas ſoupçonner dans autrui des grands crimes ; &

la ſincerité de Claude traverſée par l'impoſture, & la méchanceté de Meſſaline & de Narciſſe qui le gouvernent, devient une foibleſſe qui dégénere inſenſiblement en timidité. Narciſſe qui eſt en ſociété d'infâmies & de crimes avec Meſſaline, en veut à Silanus ,parce que Meſſaline cherche à le perdre, pour ſe venger du refus qu'il lui fait de ſe prêter à ſes deſirs impudiques. Narciſſe & Meſſaline ſe concertent : ils vont un matin chez Claude ; Narciſſe entre tout effrayée, & raconte au Prince le rêve affreux qu'il a fait. Il a vû, lui dit-il, ſon Empereur poignardé par Silanus. Meſſaline feignant une grande ſurpriſe, admire le rapport du ſonge de Narciſſe avec ceux qu'elle ſuppoſe avoir fait pluſieurs nuits de ſuite : cette idée l'alarme. Claude écoute avec attention. Il eſt troublé, du trouble il paſſe à la crainte ; il tremble. Silanus, qui par ordre de Meſſaline entre comme s'il étoit mandé par l'Empereur, irrite par ſa préſence la colere de ſon Maître. Tout lui paroît criminel dans le ſujet le plus fidéle. Il le fait tuer ſur le champ. Dupe de ſa bonne foi, Claude rend compte le lendemain au Sénat de toute l'affaire, & s'épenche beaucoup en ſentimens de reconnoiſſance envers ſon affranchi, qui, dit-il, veille même en dormant à sa sûreté.

Le favori est le premier, le plus grand & le plus dangereux ennemi du Prince ; & le plus grand & le plus dangereux défaut du Prince, est de ne pas connoître à fond le favori.

Les impudicités de Messaline étoient connues de Claude : comment Claude a-t-il pû ajouter foi au rapport d'une femme impudique, & d'un favori associé à ses crimes ? La vérité est la premiere des vertus ; elle en est la source. Claude pense-t'il la trouver dans une bouche impure ? Si Silanus est entré dans le tems même que ses ennemis l'accusent, pourquoi Claude ne l'écoute-t'il point avant que de le condamner? Sa juſtification auroit confondu l'impoſture, & Claude en s'épargnant un crime auroit épargné un ſang dévoué à ſon ſervice, & précieux aux Romains. Le vice eſt plus actif & plus vigilant que la probité, il eſt vrai; mais ſi la probité s'endort, & ſi ce ſommeil eſt funeſte à l'innocence & favorable au crime, n'eſt-elle pas criminelle? Il faut que le Prince deſcende du Trône pour chercher la vérité, puiſque le Trône eſt inacceſſible à la vertu par laquelle il doit regner. La plus petite de ſes erreurs eſt le principe des plus grands maux, plus il eſt élevé, plus il doit être parfait. Eh pourquoi nous regarderoit-il de ſi haut, s'il avoit nos imperfections ?

Mais la timidité cruelle de Claude, le conduit du meurtre de Silanus, à une faute qui heurte directement le fondement du pouvoir ſuprême, il déclare au Sénat ce qui lui eſt arrivé. Par un aveu ſemblable, Claude ne prend-t'il pas le Sénat pour Juge ? Se donner un Juge n'eſt-ce pas ſe donner un maître ? Lorſque le Prince commet un crime il ne doit ſe donner d'autre Juge que ſa Majeſté ; elle ſeule, malgré les rumeurs qu'il excite, le met à couvert. L'indifférence qu'il témoigne ſur les diſcours du public, fait ſoupçonner le crime néceſſaire, & cette néceſſité le rend vertu.

H Vinicien qui avoit eu part à la conſpiration tramée contre Caligula, ſe lie avec Camillus Scribonianus qui commande une armée conſidérable en Dalmatie. Camillus, de concert avec Vinicien, arbore l'étendard de la révolte; beaucoup de Sénateurs & de Chevaliers Romains ſuivent ſon parti. Claude reçoit une lettre inſolente de la part de ſon Sujet rebelle; il en fait la lecture au Sénat, & lui demande ſon avis dans une conjoncture ſi preſſante. Pendant qu'on délibére

l'armée

l'armée se repent, se range à son devoir, & punit les Officiers de l'avoir engagée dans une infidélité si odieuse. Scribonianus prend la fuite ; mais il est atteint par Volaginius, simple soldat, qui le tue dans la petite Isle d'Issa.

Je regarde la conduite de Claude comme le fruit d'une sagesse consommée, & non comme l'effet de la crainte. En consultant le Sénat, il flatte sa vanité, & par conséquent il l'engage dans sa défense. Scribonianus est à la tête de son armée : avant que Claude fût prêt à se défendre, il seroit vaincu, & le Sénat se rangeroit toujours du parti le plus fort. L'événement justifie Claude : pendant qu'il consulte le Sénat, les troupes de Scribonianus se repentent, & Scribonianus trouve sa perte dans le retour de l'armée à son devoir. Si Claude au contraire entreprend de repousser la force par la force, les troupes de Scribonianus resteront fidelles à leur Chef, de peur de tomber entre les mains de l'Empereur. Quel est le Prince qui ignore que le désespoir armé est presque toujours invincible ?

H La révolte appaisée, Claude, loin de punir les troupes, les fait récompenser ; il en confie le commandement à Otho, qui en arrivant, condamne à mort les ſoldats qui ont tué leurs Officiers. Claude ſouffre cette hardieſſe, ou, pour mieux dire, ne la punit que d'un peu de froideur ; mais Otho peu de tems après rentre dans les bonnes graces de ſon maître.

Otho ſe comporte en Général verſé profondément dans la diſcipline militaire. Claude au contraire ſe conduit en Prince qui n'eſt pas Général. Ainſi Claude pardonne parce qu'il eſt Prince ; Otho punit, parce qu'il eſt Général : l'un & l'autre peuvent être loués ; l'un & l'autre peuvent être blâmés ; Claude d'avoir trop précipitamment récompenſé ;

Otho de n'avoir point refpecté les faveurs de fon Prince.

H Claude aime beaucoup à juger ; mais peu verfé dans la jurifprudence, il donne des Jugemens, qui le rendent ridicule, & qui par conféquent le font méprifer.

M Un Prince doit faire tout ce qu'il fait avec fuperiorité. Claude expofe la Majefté Impériale, en jugeant, & ne fçachant pas juger. Princes, que toutes vos occupations, & même vos amufemens foient empreints de cette fupériorité qui éblouit les peuples, & qui vous fait admirer! Tout dans un Prince doit repréfenter; le rolle eft fi grand, que le moindre geſte déplacé ſait mépriſer l'acteur : la ſcéne eſt délicate & longue, il eſt vrai; mais il faut la ſoutenir.

L'Angleterre ſe ſouleve. Claude marche contre les rebelles à la tête d'une armée puiſſante. Non-ſeulement il met à la raiſon les Anglois, mais encore il ſoumet une partie de l'Ecoſſe, & pluſieurs Iſles voiſines, qui ne reconnoiſſoient point encore la puiſſance Romaine. *H*

Inquiéter les Puiſſances tranquilles, c'eſt réveiller leur ambition aſſoupie. Nous voyons Claude inſenſible à la gloire d'étendre ſa domination, pendant que l'Angleterre n'a point l'ambition *M* téméraire de s'y ſouſtraire ; mais l'Anglois ſe révolte-t'il? Claude, Prince pacifique, fort de ſon caractere dominant, il marche en perſonne contre ſes Sujets, les châtie ; & de Prince qui punit, il devient Prince conquérant. Il ſoumet tout le pays voiſin, pour ôter toute reſſource aux mal intentionnés. Quand les Sujets aiment ſincerement la liberté, ils ſont fidéles à leur Prince, parce que par leur fidélité ils ôtent tout ſoupçon au Souverain. Eh n'eſt-il pas juſte en effet qu'ils trouvent les aſſurances de leur liberté dans la bienveillance de leur Maître ?

H Claude revient triomphant à

Rome ; il veut que ſon fils porte le nom de Britannicus.

Claude, en changeant le nom *M*
de ſon fils, lui donne la plus puiſſante protection auprès des Romains. C'eſt faire paſſer ſur lui tout le fruit de la victoire, qu'il vient de remporter ſur les Anglois. Rome ne pourra plus prononcer le nom de Britannicus, ſans ſe rappeller les conquêtes deClaude;& l'on ne ſe reſſouviendra point du pere,ſans ſe ſentir obligé d'honorer ſa mémoire dans la perſonne du fils. Le nom de Britannicus eſt donc au fils de Claude ce que ſont à une famille les armes à enquérir.

Claude reconnoiſſant un mé- *H*

rite ſupérieur dans pluſieurs de ſes Affranchis, les éleve aux premieres dignités de l'Empire. Il leur confie l'adminiſtration des affaires les plus importantes. Cette ſubite élevation corrompt leur cœur : ils ne rendent plus la juſtice, ils la vendent : ils ne protégent plus l'innocence, ils l'oppriment : d'affranchis dignes de l'être, ils deviennent Miniſtres indignes d'être affranchis : ils ſe joignent à Meſſaline, s'aſſocient à ſes débauches, commettent des crimes énormes, qui ſont la ſource de pluſieurs conſpirations & de pluſieurs révoltes.

Elever de tems en tems des hommes du vulgaire aux poſtes

les plus éminens, eſt prudence dans le Prince. Par cette attention il rabat la fierté de la nobleſſe, & gagne la confiance du peuple. Celle-ci ſe voit éloigner du Trône, & c'eſt ce qui l'humilie : celui-ci s'en voit rapprocher, c'eſt ce qui lui donne de l'émulation ; mais ne pas punir ces Miniſtres, lorſqu'ils font un uſage criminel de leur élevation, c'eſt imprudence. La jalouſie des Nobles devient fureur, & fureur juſte ; ils puniſſent le Prince de ne les avoir point punis.

D'ailleurs tout Prince, qui ne punit pas ſes Miniſtres, n'eſt-il pas plus le Sujet de ſes Miniſtres que leur Prince ? La politique, qui exige des Princes de justifier leur choix par l'impunité, est la politique des Tyrans. Les bons Princes, quoique Princes, n'éprouvent que trop souvent qu'ils sont hommes; & les fautes sont de l'essence de l'humanité : les reconnoître est d'un grand homme; les punir est d'un Prince; mais les avouer par une punition publique, est au-dessus de l'homme, du Prince, & un prodige dans le grand Prince.

H Messaline pousse l'impudence jusqu'à se marier avec Caius Silius pendant l'absence de Claude. Claude ordonne sa mort. Il demande le jour suivant, en se mettant à table, pourquoi Mesſaline tarde tant à venir.

Si Claude demande des nouvelles de Meſſaline, il n'a point oublié qu'elle eſt morte : il veut faire voir le peu de cas qu'il en fait, & il veut détruire l'opinion de toute ſa Cour, qui l'en croyoit éperdûement amoureux. J'admire l'inſenſibilité de Claude ; parce que je le vois plus Prince que mari. S'il a ſouffert la vie criminelle de ſon épouſe, ce n'eſt point par amour, mais par reſpect pour la nature, & par mépris pour une femme, qui vivante ou morte, adultere ou fidelle, ne méritoit point de place dans un cœur rempli des ſoins de l'Empire Romain.

H Claude épouse en sixiémes nôces Julie Agrippine fille de son frere & veuve de Domitius Neron. Cette nouvelle épouse l'engage à deshériter son fils, & à adopter son beau-fils, qu'il nomme Claudius Neron. Il lui donne sa fille en mariage. L'Empereur ouvre les yeux, mais trop tard; il se repent d'une adoption aussi injuste. Agrippine s'en apperçoit: elle lui donne du poison; il meurt dans la soixante-quatriéme année de son âge, & la quatorziéme de son regne.

M Le Prince ne péche pas moins dangereusement contre sa sûreté, en accordant trop sa faveur à un Sujet, qu'en le traitant avec trop de févérité. Si Neron n'étoit point adopté, Agrippine n'empoifonneroit pas Claude. Belle leçon pour les Princes! Elle leur apprend à ne jamais accorder de grace, qui les mette dans l'impuiffance d'en accorder une plus grande. Le Sujet, qui n'a plus rien à efpérer, n'eft plus Sujet. Le Prince, qui n'a plus rien à donner, eft-il véritablement Prince?

CHAPITRE II.

NERON.

DU regne d'un Prince doux, selon quelques Auteurs, jusqu'à la stupidité, nous passons au regne d'un Prince cruel jusqu'à la férocité. Deux exemples bien puissans pour prouver que l'éducation n'est qu'un vernis que la force du caractere perce, & que l'homme tôt ou tard se montre tel qu'il est, & tel qu'il devoit être. Claude sous la direction d'un Gouverneur, qui avoit conduit autrefois des chevaux, en étoit traité avec la même dureté & la même brutalité, que ce guide mal choisi avoit retenu de sa premiere profession ; ces vives impressions que l'on dit se graver profondément dans le cœur des jeunes gens n'effleurerent pas même celui de Claude, dans lequel la nature avoit jetté des germes de douceur, qui résisterent à la brutalité de son maître.

Neron au contraire, conduit dans son enfance par Agrippine, Princesse dont nous avons assez ébauché le caractere par le trait que nous avons rapporté à la fin du Chapitre de Claude, pour qu'il n'ait point échappé au Lecteur, Neron, dis-je, dont l'éducation fut confiée à Séneque,

que ses vertus & ses qualités font vivre aussi glorieusement après sa mort que pendant sa vie, reçut quelque légere empreinte de ces sentimens magnanimes que l'on voit regner dans les écrits de ce grand Personnage, & que son cœur avoit dictés : mais la vivacité de ses passions, aussi cruelles qu'infames, desabusa Rome, dès que ce Prince se vit dans la puissance de s'y abandonner. Rome ne jouit pas longtems des conseils sages & éclairés de Séneque, & l'Eleve de Séneque vendit cher aux Romains les heureux commencemens de son regne. Plus les passions sont concentrées, plus elles

les ont de force quand elles éclatent, & plus l'éclat en eſt dangereux.

Agrippine cache pendant quel- H
ques jours la mort de Claude. Après avoir gagné les Gardes Prétoriennes, les plus puiſſans Sénateurs & les plus diſtingués du peuple, elle fait proclamer Neron Empereur.

On peut dans les entrepriſes M
dont le mauvais ſuccès ne déplace point celui qui entreprend, donner quelque choſe au haſard. Mais dans l'entrepriſe de l'importance dont eſt celle d'Agrippine, il faut être comme certain de la réuſſite. Si Agrippine échoue, ſa perte & celle de Ne-

ron ſont aſſurées. Entreprendre d'ôter l'Empire au fils de Claude, eſt ſans doute une entrepriſe d'importance; mais vouloir faire agréer Neron pour Empereur, eſt l'extrême de la hardieſſe, & partout où il faut le plus de hardieſſe, il faut auſſi le plus de prudence. Le principal objet, qu'Agrippine doit remplir, eſt d'effacer la mémoire de Claude, qui, quoique mort, vit dans la perſonne de Britannicus : ce nom ſeul reveille le ſouvenir du regne heureux de Claude, & la reconnoiſſance du peuple. Avant que de rien entreprendre ouvertement, Agrippine s'attache à diſpoſer les eſprits & à gagner les cœurs : Si elle réussit, elle fait son fils Empereur, profite de son âge, elle gouverne : si elle échoue, elle reste Agrippine, & Neron reste Neron : la prudence doit présider aux grandes affaires.

Neron n'a que dix-huit ans, H
il parvient à l'Empire. Le commencement de son regne est sage & heureux : il écoute Séneque: il modere les tributs des Provinces: il se concilie par ses largesses l'affection des Gardes Prétoriennes & du peuple : il acquiert la confiance des Sénateurs par des pensions qu'il fait aux plus pauvres d'entr'eux, pour les aider à soutenir leur dignité par un extérieur décent.

M Le commencement de ce regne ne me ſurprend point. Séneque regne ſur Neron, & Neron regne par Séneque. Les libéralités de ce Prince font ſentir la différence extrême que je vois entre le Prince & le Tyran : celui-ci ôte le néceſſaire pour ſe donner le ſuperflu ; celui-là ſe prive du ſuperflu pour donner le néceſſaire.

H Neron ignore encore ſes véritables penchans ; il ſe montre ſi humain, qu'obligé de ſigner une ſentence de mort, il s'écrie : *Plût aux Dieux que je ne ſçuſſe point écrire !*

M Le Prince eſt l'image de la Divinité ; & la Divinité punit &

récompenſe. Lorſque Neron ſouhaite de ne ſçavoir point écrire ; il oublie cette auguſte reſſemblance. Si le Prince par une pitié déplacée ne ſçait point écrire pour ſigner une ſentence de mort, le crime triomphera.

Signer une ſentence de mort eſt un acte de juſtice ; la ſigner à regret eſt un acte d'humanité : mais cette humanité qu'on admire dans Neron, part-elle du fond de ſon caractere ? N'eſt-elle pas plutôt un effet des principes de Séneque, qui n'ont que gliſſé ſur le cœur de ſon Eleve ? C'eſt une gaze miſe par Séneque ſur le penchant que Neron a aux cruautés qu'il commettra, dès que le Diſciple n'écoutera plus le Maître. Si Neron avoit porté en naiſſant dans ſon cœur le principe des vertus qui ſont le bon Prince, il ſentiroit que la juſtice & l'humanité ſont les deux attributs eſſentiels de la Royauté, qu'un Roi humain ſans juſtice, n'eſt tout-au-plus qu'un Roi femme, qu'un Roi ſans humanité eſt un Tygre couronné, & que dans l'un ou l'autre cas un Roi ſeroit un Roi monſtrueux.

L'Empereur regne ; Agrippine gouverne : Elle abuſe de ſa puiſſance : ſa conduite eſt tiſſue d'injuſtices & de cruautés. Quoique fils, Neron ôte ſa confiance à ſa mere ; elle ne connoit plus des affaires de l'Empire.

Si Agrippine a prouvé qu'elle fçavoit l'art de parvenir à l'Empire, elle ne prouve pas moins qu'elle ignore l'art de s'y maintenir. Le crime peut bien faire un Prince, mais la feule vertu le foutient. La rufe & la diffimulation conduifent au commandement ; mais il faut de la vertu pour commander. Il fuffit à Agrippine d'être mere de Neron pour faire regner Neron ; mais il ne fuffit point à Neron d'être fils d'Agrippine, pour faire regner fa mere. Le Prince, comme Pere de fes Sujets, ne connoit point d'autre mere que la juftice.

H Agrippine voyant ſon autorité tomber, à meſure que Neron établit la ſienne, le menace de lui enlever l'Empire, & de mettre le ſceptre dans la main de Britannicus âgé de quatorze ans. L'Empereur exile ſa mere de la Cour, & la réduit à l'état de ſimple particuliere; il ſe délivre de Britannicus par le poiſon.

M Agrippine allarme Neron; mais en rendant à ſa mere toutes les marques de ſon amitié, il ne lui rend point ſa confiance. Si Agrippine a été capable d'empoiſonner ſon époux pour faire regner Neron, ne peut-elle pas ſervir d'inſtrument aux entrepriſes de Britannicus? Et celle qui

a

a poussé l'ingratitude jusqu'à tremper ses mains dans le sang d'un époux, qui lui accorde tout ce qu'elle veut, ne peut-elle pas attenter aux jours d'un fils ingrat qui lui refuse tout ce qu'elle demande?

Britannicus allarme Neron. Si son mérite ne perçoit point, il seroit moins coupable. Mais il perce, & Claude revit; double crime que Neron ne laisse point impuni. L'innocence qui cause de l'ombrage, est un défaut que la vertu des Tirans ne pardonne point. Que Neron empoisonne Britannicus innocent, c'est une cruauté inconséquente dans celui qui a souhaité de ne pas sçavoir écrire, pour n'être point obligé de ſigner la Sentence de mort d'un coupable : mais auſſi ſi Britannicus ne tombe point, Neron chancelle ſur le Trône. La mort de Britannicus eſt donc un trait de politique indiſpenſable pour le Prince qui ne veut pas deſcendre, n'importe par quelle voye il eſt monté; mais qui choque directement les principes, dont Neron paroît partir au commencement de ſon Regne.

JI Neron, pour humilier ſa mere, lui ôte ſes Gardes.

M Lorſque Neron laiſſe ſa mere ſans Gardes, il commet une imprudence. C'eſt révolter le Peuple Romain contre un fils qui maltraite une mere à qui il doit & la vie & le Trône. C'est expofer au mépris fon propre fang: & un Prince doit le refpecter, fût-il, je ne dis pas corrompu, mais pourri; parce que tout le fang d'un Roi doit être pur, ou du moins le paroître.

Neron manque même à fa propre fûreté, en traitant Agrippine avec mépris. Privée de Gardes, elle a la liberté de faire reffouveni: fes amis, qu'elle a autrefois gouverné l'Empire, & que l'ingratitude d'un fils l'a jettée dans l'obfcurité d'une fimple particuliere : on s'intéreffe même au crime, lorfqu'il eft malheureux. Si Neron au contraire, conſervoit à Agrippine tout l'extérieur pompeux de la mere de l'Empereur, elle auroit beau raconter ſes malheurs, on n'y ſeroit point ſenſible : rarement eſt-on pénétré du récit des infortunes d'une perſonne qui paroît heureuſe. Les hommes reglent leur jugement ſur les dehors. Neron devroit donc laiſſer des Gardes à ſa mere, parce qu'elle eſt mere de l'Empereur ; mais il devroit les choiſir, parce que les Gardes d'Agrippine ſeroient des honnêtes eſpions de Neron.

H Agrippine voyant que ſes menaces ne la remettent point en poſſeſſion de ſon autorité, prend une route différente : des menaces elle paſſe à la flaterie & aux careſſes. Elle feint d'être amoureuſe de Neron, elle le preſſe de ſe prêter à ſes deſirs impudiques. Neron rejette ſes offres, de peur que le Public ne ſoit informé de ce commerce inceſtueux.

De quelque principe que parte *M* le refus de Neron, il y a de la prudence, s'il n'y a point de la vertu. Il n'eſt point d'action qui ſoit plus publique, que les actions ſecrettes des Princes. Ils ont dans leurs plaiſirs trop de confidens, pour que leurs plaiſirs ne tranſpirent point. Si Neron s'abandonne à l'amour d'Agrippine, ce crime paſſera confidemment de bouche en bouche ; & le ſcandale qu'il cauſera, fera tomber celui qui le donne. Malheur au Prince, dont les plaiſirs commandent au plaiſir de commander !

H Mais Agrippine déſeſpérée de l'inutilité des moyens qu'elle employe pour rentrer dans les bonnes graces de ſon fils, forme le deſſein de le faire aſſaſſiner. Neron en eſt inſtruit, il la fait mourir.

M Que le deſſein d'Agrippine ſoit vrai, ou qu'il ſerve de prétexte à Neron ; dans l'un & l'autre cas Neron péche contre la bonne politique en faiſant mourir ſa mere. Si Neron craint la vengeance d'Agrippine, que ne lui suscite-t-il des délateurs pour lui faire faire son procès? Alors le fils n'agira plus contre sa mere; ce sera la justice du Prince qui poursuivra le crime : parce que, comme nous l'avons déja dit, le Prince ne doit point reconnoître d'autre mere que la justice. Mais lorsqu'il la fait mourir sans s'embarrasser des formalités, il imite les mauvais Princes, dont la politique exige qu'ils fassent le mal sous un prétexte honnête, afin que les scélérats ne puissent pas reclamer pour l'impunité de leurs crimes, l'exemple de leur Juge. Le prince n'est-il pas, ou ne doit-il pas être tout ensemble Juge & Prince?

H Tandis que Neron cherche sa tranquillité, & croit assûrer son regne par la mort de Britannicus & de sa mere, Vologesse, Roi des Parthes, déclare la guerre aux Romains. Il fait des tentatives pour rétablir Tiridate son frere, sur le Trône d'Arménie. Il est défait par Corbulon, qui donne le Royaume à Tigrane. L'Angleterre se revolte en même tems. Ce trouble est appaisé par Paulinus - Suetonius, Général Romain.

M Neron s'est acquis une réputation célébre par le commencement de son regne. La victoire précéde ses armées. Ses Généraux réussissent dans toutes leurs entreprises. Ils ont une si haute idée de leur Prince, qu'ils font tous leurs efforts pour le satisfaire, assûrés qu'ils sont d'être récompensés si leur conduite est louable, & d'être punis s'ils méritent d'être blâmés. Ce n'est pas la personne du Prince, mais sa vertu qui soutient le Royaume. Sa Personne ne fait tout au plus que représenter; mais sa vertu agit.

H

A la fausse sécurité que Neron croit avoir enfin trouvée dans les deux morts dont nous venons de parler, il joint la fausse liberté qu'il croit acquérir en secouant le joug de Séneque, à qui il est redevable de ses heureux commencemens. Il rougit de ſe voir gouverné dans une place qui le rend maître de l'Univers. Cette gêne l'humilie ; Séneque n'eſt plus pour Neron qu'un moraliſte importun, qui veut impoſer la loi à celui qui peut la faire. L'Empereur n'écoute plus ſes conſeils, il les mépriſe ; il ſe prête aux inſinuations infâmes de ſes domeſtiques, & ſe refuſe avec dureté aux conſeils ſages de ſon Gouverneur ; & de Prince ſage, humain, doux & affable, il devient Comédien, concubinaire, adultere & brutal. Séneque mépriſé ſe retire pour mener une vie privée, loin des débauches de ſon Eleve. Burrhus,

Capitaine des Gardes, imite Séneque, & Neron reſte ſeul livré à toutes ſes diſſolutions.

Lorſque Neron permet à Séneque de ſe retirer, il ſe comporte en jeune homme, non en Prince. La débauche dans un Particulier donne preſque toujours l'excluſion à la prudence. Il n'en eſt pas de même dans le Prince, parce que la prudence du Prince conſiſte à faire choix de bons Miniſtres, à ne confier l'adminiſtration du Gouvernement qu'à des gens capables par leurs lumieres, de faſciner les yeux du Peuple ſur les débauches du Prince. . . Il ſuffit au Monarque qu'un bon Miniſtre lui ſerve de maſque, parce que le Peuple ne s'arrête qu'à la ſuperficie. Peu lui importe que le Prince ſoit corrompu, pourvû qu'il ne ſoit point opprimé. Tout Prince qui néglige cette maxime fondamentale, doit néceſſairement triompher de ſes penchans vicieux : mais voit-on ceux qui peuvent tout ce qu'ils veulent, faire violence à leurs volontés? Neron, qui, dans le commencement de ſon regne, ſe cachoit derriere Séneque, ne devoit point laiſſer partir un homme qui ſçavoit plâtrer toutes les taches de ſon cœur. Mais Séneque eſt parti, & je vois Neron accablé ſous le poids de ſa mauvaiſe réputation. Princes méchans, ayez du moins des bons Miniſtres; ſi vous n'êtes pas bons, vous ſerez grands, & la grandeur vous ſoutiendra au défaut de la bonté. Les hommes ſont ſi méchans, qu'ils ſont moins ſenſibles à la bonté qu'à la grandeur.

Cette maxime porte ſur un principe ſi vrai, que je vois déja Neron la prouver par une fatale expérience. Séneque n'eſt pas plûtôt parti, que ſon Eleve s'abandonne à ſes paſſions. Il eſt épris de Poppea. Octavie ſa femme, Princeſſe auſſi reſpectable par la pureté de ſes mœurs, qu'eſtimable par l'étendue de ses lumieres, est le premier sacrifice qu'il fait à sa nouvelle amante. Neron encore fumant du sang de son épouse, épouse Poppea ; mais bientôt après elle reçoit de son époux le juste châtiment dû à la cruauté qu'elle a eu d'exiger de son amant la mort de son épouse. Elle reçoit de Neron pendant sa grossesse un coup de pied dont elle meurt.

M L'objet qui entraîne au crime devient tôt ou tard odieux; si le plaisir en présente les côtés rians, le remords en fait voir dans la suite tous les côtés affreux. Poppea, avant la mort d'Octavie, paroissoit à Neron digne du ſacrifice qu'il lui fait de la fille d'un Empereur ; mais les remords retracent l'image d'Octavie dans le cœur de Neron, & Neron trouve Poppea digne de mort. Le crime pouſſé à l'excès, devient fureur, & la fureur d'un Prince tombe ordinairement ſur les complices de ſes crimes. Les Princes ſont des criminels privilégiés, leur cauſe ne peut être jugée qu'au Tribunal des Dieux : c'eſt la premiere vérité que les flateurs leur inſpirent, & la ſeule quelquefois qu'ils ſaiſiſſent.

Cependant la nobleſſe Romaine ſouffre avec impatience

le joug d'un furieux; elle persuade à Pison, un des plus riches d'entre les Nobles, de prendre les armes contre Neron. Le projet est découvert. Neron fait massacrer les conjurés & tous les Citoyens, qui par leurs talens ou par leur noblesse, ou par leur opulence, peuvent aspirer à l'Empire. Ainsi périssent Burrhus, Séneque, Publius Silla, Rubellius Plautus & plusieurs autres.

M La vertu d'un Prince est de persécuter les méchans; celle d'un grand Prince, est de savoir non-seulement les punir, mais encore s'en servir. Celle au contraire d'un méchant Prince, ce, eſt de perſécuter les gens de bien. Tout Prince veut regner non-ſeulement ſur ſes ſujets, mais encore ſur leurs inclinations : car adopter des ſentimens oppoſés à ceux du Prince, n'eſt-ce pas ſe déclarer ſon ennemi ? Le bon Prince deſire d'être obéi, le grand Prince le veut ; mais le méchant Prince ne cherche qu'à être flaté. Le bon récompenſe avec plaiſir & punit avec répugnance ; le grand punit & récompenſe, parce que le propre de la grandeur eſt de punir & de récompenſer. (*a*) Le méchant ne récompenſe ja-

(*a*) Nous entendons parler des vertus & des crimes.

ſmais, rarement punit-il, il perſécute toujours.

H A travers le nuage des vices qui obſcurciſſent le cœur de Neron, quelques lueurs de vertu s'échappent; ce ſont des étincelles de l'éducation qu'il a reçûe de Séneque. Cæſonius Peto, qui avec Corbulon avoit fait une campagne heureuſe contre Vologeſſe, ſe porte trop au-delà du Mont Taurus, flaté de l'eſpérance de quelques petites conquêtes dont il prétend aggrandir l'Empire Romain. Vologeſſe vaincu ne ſe décourage point; il reprend les armes, coupe la retraite à Cæſonius, & le force à un traité honteux, par lequel il rend l'Arménie à Tiridate. Neron engage Tiridate à venir à Rome pour y être couronné. Tiridate vient; Neron lui met la Couronne ſur la tête avec une pompe dont il n'y a point encore eu d'exemple. Cæſonius eſt rappellé. Sa punition conſiſte en quelques reproches légers qu'il reçoit de Neron.

La conduite généreuſe que Neron tient à l'égard de Tiridate, eſt d'un Prince ſage? Un Prince doit honorer la vertu, même dans ſon ennemi. Les honneurs que Neron fait à Tiridate, publient que Tiridate eſt ſon ſujet. Cette fête pompeuſe n'eſt-elle pas plûtôt le Hérault de la grandeur de Neron, que du couronnement de Tiridate? Mais pourquoi Neron ne punit-il pas de mort Cæſonius? Parce que le Prince ne voit dans un Général décrédité qu'un ſimple particulier qui ne peut point aſpirer à l'Empire. Neron ne punit pas les crimes qui n'en veulent point au Trône; il ſe contente de châtier les vertus qui peuvent y parvenir. Les tyrans ceſſeroient d'être tyrans, s'ils récompenſoient les grandes actions, & s'ils puniſſoient les baſſeſſes. Cæſonius eſt une leçon bien expreſſive pour les Généraux; qu'ils ſe rappellent ſans ceſſe que les Princes ont cela de commun avec leurs ſujets ; qu'ils ne jugent de la grandeur de l'entrepriſe, que par la grandeur du ſuccès ; ceux-ci par ignorance, ceux-là par intérêt.

Neron voit avec tant de plai- *H*
ſir Rome tremblante à la vûe de ſes cruautés, qu'il ſe vente d'être le premier Empereur qui ait connu l'étendue & la grandeur de ſa puiſſance. Il la porte en effet juſqu'à brûler la ville, ſans que le plus petit murmure échappe au Citoyen.

Lorſque Neron meſure l'é- *M*
tendue de ſa puiſſance ſur l'uſage qu'il en fait, & qu'il me-

ſure ſa gloire ſur ſa puiſſance; ne ſe fait-il point illuſion? Sa gloire n'eſt pas la gloire d'un Prince, elle eſt la gloire d'un ſcélérat. La puiſſance que le Prince peut avoir ſur ſes ſujets, n'a point pour objet leur mort, mais leur crime. Le crime diſparoît-il? la puiſſance du Prince eſt ſans action. La cruauté n'eſt pas la meſure de la toute puiſſance; mais nous la voyons ſouvent en être le terme.

H Neron fait mettre le feu à Rome. Pendant que Rome eſt incendiée, tranquille ſpectateur, il chante au haut d'une tour les vers qu'Homere a employés à la deſcription de l'embraſement de Troyes. Il fait rebâtir la Ville à ſes dépens. Elle eſt beaucoup plus belle; il l'embellit d'un Palais incruſté d'or, qu'il fait bâtir pour lui.

Le Prince qui donne plus qu'il n'ôte, fait deſirer au peuple les extravagances du Prince. Si les Romains ſouffrent avec une eſpéce de patience, les cruautés de Neron, & principalement cet incendie, ce n'eſt que parce que le peuple, toujours eſclave de l'intérêt perſonnel, s'attend à un dédommagement avantageux de la part d'un Prince prodigue. Le Prince qui eſt aſſez riche pour acheter les larmes du peuple, peut rire de ſes plaintes. Je remarque que Neron, dans ſa folie, a la prudence de ſe retirer dans une tour, & de chanter du haut d'une forteresse. Si le Prince écoute ſi peu la voix de l'humanité, & ſe refuſe aux lumieres de la raiſon pour s'abandonner à des extravagances cruelles, qu'il ait du moins la prudence de mettre ſa perſonne en ſureté contre les premiers mouvemens du peuple. Quoique le peuple ne ſoit point en droit d'attenter à la vie de ſon Prince (ſa perſonne eſt ſacrée) il peut par déſeſpoir ſecouer le joug de la ſoumiſſion lorſque le Prince s'écarte de ſon devoir. Un

Prince

Prince eſt à ſes ſujets, ce qu'un pere eſt à ſes enfans; mais ſi celui-ci ſe conduit comme un homme tombé en démence, ſes enfans ne procédent-ils point à l'interdiction? Et quel eſt le Tribunal qui leur refuſe gain de cauſe?

Neron eſt informé que l'on *H*
prêche à Rome la Religion de Jeſus-Chriſt; il en fait mettre à mort les deux premiers Apôtres, Pierre & Paul; il n'épargne point ceux qui profeſſent cette nouvelle Religion.

Si Neron ſavoit que la Re- *M*
ligion Chrétienne enſeigne l'obéiſſance au Prince, quoique Tyran peut-être il la tolére-

roit, puiſqu'il tolere dans Rome pluſieurs autres ſectes dont les principes ſont équivoques; mais on lui rapporte que le Chriſtianiſme fait un devoir indiſpenſable de la pratique de la chaſteté, de l'humanité, de la juſtice, vertus contraires à ſes mœurs. Neron ſe croit obligé de perſécuter les Chrétiens comme des ſéditieux; parce que tolérer des gens qui canoniſent des mœurs oppoſées à celles de Neron, c'eſt permettre au peuple de dire hautement, & de regarder le Prince comme un monſtre. Ainſi lorſque Neron protege les intérêts de Jupiter contre ceux de Jeſus-Chriſt, il ſe comporte en Prince Payen ; mais en Prince qui n'ignore point l'art de regner. Neron repréſente dans Rome Jupiter dans les Cieux ; ſi Jupiter eſt adultere & concubinaire, Neron ne fait-il pas tout ce qu'il faut pour atteindre les perfections de la Divinité dont il eſt l'image ?

Au bruit des cruautés & des H
crimes de Neron, la Judée, les Gaules, l'Allemagne ſe révoltent en même tems, & les Légions d'Eſpagne proclament Empereur Sergius Galba leur Général. Neron eſt ſi frappé de cette révolution, qu'il perd le jugement.

M Si Neron, moins occupé de ſes plaiſirs cruels, avoit tranſporté ſon eſprit aux armées, plûtôt que de le fixer à ſa Cour, il ne ſe verroit point au fatal inſtant d'être puni de ſes cruautés. Le Prince n'eſt point préciſément où eſt ſa perſonne; il eſt où il commande : un particulier peut bien être dans le lieu qu'il occupe; il n'en eſt pas de même du Prince, il eſt où eſt ſon autorité, & où ſon autorité s'exerce-t'elle plus vigoureuſement que là où eſt ſa force? Sa force n'eſt-elle pas dans les armées?

H Dès qu'on eſt informé à Rome de la révolte des Légions, le peuple commence à ſe révolter ; les Gardes Prétoriennes quittent leurs poſtes pendant la nuit, & abandonnent le Palais.

Pendant que la puiſſance de Neron s'eſt maintenue dans ſes armées, il a été le Monarque de la terre le plus craint & le plus révéré ; il a profité de tous les droits de la Divinité ; mais cette puiſſance eſt-elle altérée ? Neron n'eſt plus que le phantôme de ſa premiere grandeur ; il touche au moment d'être anéanti. Un miſérable Prétorien rougit de veiller à la porte de ſon Palais, & ſon Prince n'eſt plus pour lui qu'un être de raiſon. Dieu ſeul eſt Monarque par lui ſeul ; mais les hommes ne peuvent être Monarques ſans ſujets, & Neron n'en a plus.

H Neron épouvanté appelle ſes confidens ; les uns ne daignent point venir à ſon ſecours, les autres auſſi épouvantés pour eux-mêmes, ne ſavent quel conſeil lui donner, & quel parti prendre. Neron livré à ſon déſeſpoir, veut s'empoiſonner ; mais la chambre où il conſervoit du poiſon eſt pillée. Il prie un gladiateur de le tuer ; il ſe refuſe à ſa demande.

M Les amis d'un Tyran ſont des flateurs, & les flateurs ſont des amis perfides. Les amis de

Neron, qui n'accourent point à ſon ſecours, ne ſont-ils pas amis de ſa fortune & non du Prince? Après la mort de Séneque & de Burrhus, Neron peut-il ſe flater de trouver des amis, je ne dis point parmi les Citoyens reſpectables de Rome, mais même parmi ceux que ſa faveur aveugle a cherchés dans tout ce qu'il y a de plus bas & de plus corrompu dans Rome? Un Prince n'eſt pas ſage, qui ne ſe défie point des Favoris qu'il fait ſuccéder à ceux qu'il a condamnés, & dont la réputation préconiſoit l'innocence. Neron eſt un Tyran, & les Tyrans ne doivent point être regrettés;

leur perte laiſſe au moins eſpérer un regne plus heureux, ſi elle ne l'aſſure pas ; cette foible eſpérance frappe des coups que la tirannie ne pare point.

'H Faonte, ſon affranchi, émû de compaſſion, le fait monter à cheval, nuds pieds & ſans ſelle, & le conduit avec quatre domeſtiques à une de ſes maiſons de campagne, où il apprend que le Sénat l'a condamné à mort.

'M Le Sénat opprimé par la Monarchie, ſaiſit avec ardeur le moment de révolte pour exercer un acte de ſouveraineté, qui faſſe revivre la ſplendeur du

Sénat Romain. En jugeant ſon Empereur, il le fait rentrer dans la foule des Citoyens ; & par un trait ſi hardi, il fait voir au peuple, que regner eſt dans Rome le crime de léze-République.

Ceux qui ſont auprès de Neron, lui conſeillent de ſe tuer lui-même, pour éviter l'infamie de l'exécution de la Sentence. Il écoute ce conſeil, prend deux poignards ; mais il n'a point le courage de les tirer du fourreau : il dit que ſon terme fatal n'eſt point encore arrivé. Il prie quelqu'un de ſe tuer ſoi-même pour l'encourager par l'exemple. Dans ce moment on entend le bruit des gens envoyés par le Sénat. Neron, ſecouru d'un de ſes eſclaves, ſe donne un coup de poignard dans le col & meurt à trente-deux ans, après en avoir regné quatorze.

M La cruauté des Tyrans eſt ordinairement ſuivie de la lâcheté. Neron, prodigue du ſang d'autrui, eſt avare du ſien. Le conſeil de ceux qui l'environnent, eſt un conſeil ſage, quoiqu'il ne ſoit pas humain. En l'exécutant, Neron meurt Empereur, & non pas ſujet du Sénat. Ne pas avoir la fermeté de diſpoſer de ſa vie, c'eſt avoir la lâcheté d'un eſclave; mais ſi

Neron avoit ſuivi les conſeils de Séneque & de Burrhus, il auroit ſenti la poſſibilité qu'il y a qu'un Empereur Romain ſoit réduit à mourir de déſeſpoir. Pénétré de ce ſentiment, il auroit regné comme un Empereur qui mérite de mourir en Empereur. La ſûreté d'un Prince heureux conſiſte à ſe défier de ſa fortune.

CHAPITRE VII.

SERGIUS GALBA.

LE pouvoir acquis par la violence, se perpétue ordinairement par le crime; mais si la violence est impuissante sans la force, la force n'est-elle pas le fleau du droit naturel? Les actions qui portent sur un point aussi injuste, ne sont pour la plûpart que des crimes que la politique adroite pare d'un dehors de vertu qui séduit.

Il n'a point été difficile au Lecteur d'appercevoir dans les ſix premiers Empereurs dont nous avons développé les principes, ſi l'on en excepte Auguſte, que leur caractere dominant étoit la vengeance & la cruauté. Lorſque Rome les a vûs exercer quelques vertus, elle en a été redevable à leurs propres intérêts. Si le crime eſt quelquefois vertueux, ce n'eſt que lorſqu'il a beſoin de l'être. L'amour propre, ce tyran toujours victorieux du genre humain, plie quand il veut & comme il veut, l'eſprit & le cœur des hommes à ſes vûes.

Sergius Galba, que Rome a vu arriver à l'âge de ſoixante-dix ans couvert de gloire par ſes exploits militaires, écoute la voix de l'ambition à un âge qui devroit guérir les hommes de cette brillante folie; mais l'ambition ainſi que l'amour, eſt de tout âge.

H Les Légions d'Eſpagne apprennent le ſort de Neron, elles avoient avant la mort de ce ce Prince, proclamé leur Général Empereur. Elles le conduiſent à Rome. Le Sénat dépourvû de forces, ne fait point réſiſtance. Rome entiere prête ſerment de fidélité à Galba, & Galba le reçoit.

M Je pourrois dire ici, ce qu'un autre a dit avant moi; tel brille dans le ſecond rang & s'y couvre de gloire, qui s'éclipse & se couvre de honte au premier. La mort de Neron fait cesser l'Empire dans la Maison des Césars en faisant cesser ce Prince de regner. Galba ne tient par aucun côté aux Césars qui ont renversé la République, & qui sur d'aussi belles ruines ont élevé l'Empire de l'Univers. La voix de l'armée en faveur de Galba, est la voix du plus fort; aussi le Sénat qui n'a que la foiblesse en partage, accéde à l'élection de l'armée; mais est-elle légitime? Sans doute, l'armée est toute puissante, & le peuple se range du côté le plus fort. Dans les particuliers, la violence fait l'injuſtice ; parmi les Grands, la force fait la légimité.

H Galba, âgé de ſoixante-dix ans, eſt veuf & ſans enfans : il ſort d'une illuſtre maiſon des Sulpitiens : il ne doit ſon élévation qu'à ſon mérite perſonnel. Galba réunit d'excellentes qualités, des bonnes mœurs, une connoiſſance étendue des Belles-Lettres, & une expérience conſommée dans la guerre. Il ſe rend d'abord agréable aux Romains.

M Sont-ce les qualités de Galba qui le font au commencement chérir du peuple Romain ? Non, c'eſt que Galba, différent de Neron, eſt un être nouveau pour les

les Romains. La réflexion eſt ſi vraie, que bientôt Galba œconome, fera regretter Neron prodigue. Les vertus du Prince qui portent ſur l'œconomie, ſont moins agréables au peuple que les vices du Prince qui partent de la prodigalité. Le peuple ſe laſſe bien-tôt d'un gouvernement qui ne lui donne point lieu d'eſpérer quelque changement; il n'eſt affecté que de ſon intérêt, & les innovations le favoriſent. Si Rome ne fut point fatiguée du regne d'Auguſte, c'eſt parce qu'Auguſte ſçut diſſiper par la ſolemnité des triomphes diſpendieux, le long ennui d'une guerre onéreuse, & entretenir pendant la paix, la curiosité des Romains par la nouveauté des spectacles, des jeux, des fêtes, des édifices. Le peuple n'avoit point le tems de philosopher sur le gouvernement du Prince. Laisser au sujet le tems de rechercher le Prince, n'est-ce pas dans le Prince une imprudence, qui le force tôt ou tard à rechercher le sujet? Ignorer les suites d'une si fâcheuse extrémité, c'est ne pas soupçonner les premiers élémens de la politique des Princes.

H Nymphidius, rival de Galba, & qui depuis la mort de Neron s'est emparé dans Rome de toute l'autorité d'un Souverain, irrité de ce que le *Sénat*, a sans le consulter, envoyé à Galba le décret qui le déclare Empereur, se fait des amis dans tous les états de Rome, envoye Gellianus, le plus intime de ses confidens, vers Galba, pour épier les sentimens du nouvel Empereur, & reconnoître l'endroit le plus foible, pour l'attaquer avec plus de succès. Gellianus arrive; soupçonné de toute l'armée, il ne peut pas même obtenir une audience.

Galba est gardé par son armée, parce que l'armée a déclaré Galba Empereur. Elle veille à la conservation de son ouvrage. En défendant ſon Empereur, elle maintient le coup d'autorité qu'elle vient de frapper. Mais ſi le Sénat avoit proclamé Galba ſans conſulter l'Armée, Gellianus auroit-il été ſi éclairé, & n'auroit-il pas au moins été admis à l'audience de l'Empereur? C'eſt donc à l'orgueil, plus qu'à l'amour de l'Armée, que Galba doit ſon élévation & ſa ſûreté.

H Nymphidius, allarmé du mauvais ſuccès de Gellianus, s'adreſſe aux Officiers des Cohortes Prétoriennes. Il leur expoſe par un long diſcours la vieilleſſe de Galba; il leur repréſente que ce nouvel Empereur, quoique respectable par sa douceur & sa modération, seroit bien-tôt l'objet du mépris de Rome, parce qu'il ne gouverneroit que suivant les impressions vicieuses qu'il reçoit des deux Ministres qu'il honore de sa confiance; qu'il est donc à propos de députer vers l'Empereur, pour l'avertir d'éloigner ces deux favoris, & qu'il reconnoîtra en entrant dans Rome, combien les Romains tiennent compte à leurs Maîtres des sacrifices qu'ils savent faire pour Rome. La proposition paroît indécente, elle n'est point goûtée.

Le refus des Gardes Préto- *M*

riennes, part du même principe, que la vigilance & l'affection des Légions Espagnoles ; unis par un même état, les deux corps agissent par le même esprit. Nymphidius en voulant donner des leçons à un Empereur de soixante ans, se comporte en homme éloigné de cet âge.

H Nymphidius ne se rebute point : son ambition est fertile en projets, mais malheureuse dans l'exécution. Il entreprend d'intimider Galba : il lui donne avis d'une grande fermentation dans Rome. Il lui annonce que Claudius Marcus commence à remuer en Afrique, que les Légions de Germanie sont mécontentes, & que la Syrie & la Judée sont dans les dispositions les plus fâcheuses. Galba en Général, qui a fait ses preuves, ne s'allarme point : il continue sa marche vers Rome.

Nymphidius projette, mais *M*
Galba exécute.

Cependant Nymphidius par- *H*
vient par des intrigues adroites à gagner une partie des Soldats. Mitridate Roi du Pont, l'encourage ; ses amis se concertent pour le mener pendant la nuit au camp des Prétoriens, & pour l'y proclamer. Antonius Honoratus, Tribun d'une cohorte Prétorienne, apprend ce complot, & rompt toutes les mesures

qu'on a prises. Il assemble sa troupe, & par un discours éloquent, lui fait sentir que ce n'est pas à un Neron qu'ils vont enlever l'Empire, mais à Galba, à qui on ne peut point reprocher le meurtre de sa mere & de sa femme, à Galba, qui n'a point été Comédien, & qui n'a point incendié Rome. *Mettrons-nous*, leur dit-il, *sur le Trône l'Auteur des crimes de Neron, que nous n'aurions pas même abandonné dans ses débauches, si Nymphidius ne nous eût fait croire, que ce Prince nous avoit lui-même abandonnés ?* Le discours fait l'impression qu'Honoratus avoit lieu d'espérer.

Le

Le moyen triomphant pour conſerver la fidélité au Prince qui regne, eſt de parler des vices de celui qui l'a précédé; & le véritable art de faire regner Galba, conſiſte à rappeller le regne de Neron. *M*

Nymphidius entre dans le camp; quoiqu'il affecte d'applaudir à la proclamation de Galba, il eſt percé de mille coups; ſon corps reſte expoſé pendant tout le jour à la vûe de ceux qui veulent ſe donner ce ſpectacle. Mitridate & Cingonius Varro ſont tués par ordre de Galba. On apprend cette cruauté à Rome. Rome s'aigrit contre Galba. *H*

M Lorſque le ſort venge le Prince, le Prince doit ſacrifier ſon reſſentiment à la clémence. La mort de Nymphidius eſt une faveur de la fortune à laquelle Galba ne devoit point s'attendre; mais qu'il doit recevoir avec la douceur & la modération dont il s'eſt paré juſqu'au moment de ſon élévation. Si Rome ſe réjouit de la cataſtrophe de Nymphidius, & ſi elle apprend avec répugnance les ordres de Galba contre Mitridate & Cingonius Varro, c'eſt que Rome ſe croit vengée par les Dieux, des crimes que Nymphidius a commis contre Rome; elle voit au contraire, que Mitridate & Cingonius, ſont les victimes que la vengeance de Galba ſacrifie à ſon reſſentiment perſonnel. Rome voit dans le changement de Galba, le commencement de ſon regne enſanglanté ; que peut-elle ſe promettre d'avantageux d'un regne commencé par une vengeance perſonnelle? Galba en faiſant mourir Mitridate & Cingonius, ſe comporte en Galba guerrier, non en Galba Empereur. Se venger eſt de l'honneur du Militaire ; mais pardonner, n'eſt-il pas de la gloire du Prince? L'épée perce ; mais le Sceptre ne tranche point.

Galba inſtruit des mauvais *H*

effets qu'a produit ſa vengeance, employe deux moyens pour la ſûreté de ſa perſonne. Il retient dans Rome les Légions Eſpagnoles qui l'ont placé ſur le Trône du monde. Il donne les premieres Charges de l'Empire à Junius, à Cornelius Lacus & à l'affranchi Scellus Marcianus, trois Favoris également déteſtés du peuple Romain.

M Je vois dans Galba, autrefois guerrier, doux & affable, un changement de caractere dont on doit être ſurpris ; il a la politique d'un vrai Tyran. Il eſt certain que celui-ci n'eſt jamais plus aſſûré qu'avec une garde étrangere. Les Tyrans ne regnent pas ſur les cœurs, & les cœurs ſont la garde la plus ſûre & la plus affidée des bons Princes. La garde nationale attachée, par les liens du ſang à la Nation, eſt ſujette aux impreſſions du peuple ; & les inclinations naturelles (on le ſait) ſont des inclinations triomphantes.

Un Tyran, gardé par les Nationnaux, eſt moins gardé qu'obſervé.

La grande ſcience d'un Tyran conſiſte à ſe défier de ſes crimes. La fidélité eſt une vertu par excellence, elle n'eſt point faite pour garder la tyrannie.

Galba envoye des ordres en *H*
Afrique, pour mettre à mort

Claudius Marcus, qui veut se rendre Souverain de cette Province. Il fait tuer en Germanie Fonteius Capito, parce qu'il est soupçonné de vouloir séduire les Légions dont il est Lieutenant. Dans Rome, Nusidius Sabinus, éprouve le même sort, parce qu'il a été rival de Galba.

M Galba, suit les principes d'une excellente politique, lorsqu'il envoye des assassins, non des armées contre ces trois rebelles. Leur mort suffit pour appaiser les troubles. Galba en les faisant tuer, exerce le pouvoir de Prince ; leurs assassins ne sont que des bourreaux ; leur mort n'est qu'une juste punition. Si Galba envoyoit contre eux des armées, il les traiteroit comme ſes égaux. Cet honneur n'eſt point à la portée des rebelles. Un Prince doit les punir, & non les vaincre, les traiter en ſujets, non en ennemis. Par ces trois morts, Galba appaiſe les troubles de l'Afrique, de la Germanie & de Rome. Un Chef de révolte eſt un arbre qu'il faut couper à la racine.

Galba s'appercevant des ſommes immenſes qui ſortent du tréſor Impérial pour les penſions que Neron avoit accordées aux Citoyens Romains, en fixe le nombre, & les diminue. *H*

M Cette innovation eſt une œconomie de ſimple Citoyen, non d'un Empereur Romain. Un particulier préfére l'opulence propre à la bienveiliance d'autrui; mais la grande œconomie des Princes conſiſte à préférer l'amour des ſujets aux richeſſes. Les particuliers peſent l'or, les Princes les hommes; ceux-là penſent à vivre, ceux-ci à regner.

H Il eſt d'uſage que les armées renouvellent le ſerment de fidélité le premier jour du mois de Janvier. Ce jour arrive; les Légions de la Haute & Baſſe Germanie, commandées par Vitellius, veulent prêter leur ſerment à la République, & non à l'Empereur.

Vitellius voudroit-il obéir à *M*
la République? Il eſt trop ambitieux; il veut ruiner Galba pour aſſujettir la République. Tout zéle qui part d'un principe d'orgueil eſt une paſſion, & la paſſion ne reconnoît d'autre zéle que pour ſes intérêts. Si Vitellius ne peut point ſupporter un Maître, comment ſeroit-il fidellement ſoumis à pluſieurs? L'artifice d'un ſéditieux conſiſte à étayer ſa révolte du prétexte de la juſtice; mais un ſujet qui reclame la juſtice contre ſon Prince, n'eſt-il pas ſéditieux déclaré?

Galba, informé des mouve- *H*
mens de Vitellius, ſe détermine

à adopter un Succeſſeur. Othon autrefois mari de Poppea, gagne les confidens de l'Empereur, pour faire tomber le choix ſur lui; mais Galba, ſans prendre leur conſeil, nomme Piſon Lucien, perſonnage d'une vertu éminente & digne du Trône.

M La fermeté de Galba eſt une inſtruction importante pour les Princes; qu'ils apprennent de lui, que s'il eſt ſouvent de leur ſageſſe de ne pas agir ſans conſeil, il eſt auſſi quelquefois de leur prudence d'agir ſans conſulter. Les Miniſtres de Galba veulent placer ſur le Trône une de leurs créatures, pour regner ſur le Prince : mais Galba veut comme Empereur, en faire un de son autorité, sous lequel ses Ministres se trouvent très-heureux d'être Ministres. C'est ainsi que les Princes regnent même après leur mort.

Galba, pour complaire aux *H*
Gardes Prétoriennes & au peuple, renvoye les Espagnols; mais ce dernier trait de politique contraire à celui qui lui a fait retenir dans Rome les troupes Espagnoles, ne lui réussit pas mieux.

La révolte d'une seule garde *M*
réussit aisément. A la Cour où il n'y a qu'une seule garde composée du même corps, la garde n'est pas à la volonté du

Prince; mais le Prince eſt à la diſcrétion de la garde. Les Princes d'Italie ont une garde Italienne & une garde Allemande. Ces deux corps diviſés, par le caractere & par les mœurs, ne peuvent pas s'entendre ; ils ne parlent point la même langue; conſéquemment ils ne peuvent point conſpirer.

H Galba touche au moment fatal de ſentir les effets de ſa conduite inconſéquente. L'adoption de Piſon eſt publiée ſans que l'on faſſe aux Gardes les largeſſes accoûtumées. Othon les ſéduit à force d'argent & de promeſſes, & ſe fait proclamer Empereur dans les Caſernes.

Othon est prodigue, Galba *M* est avare, son adopté paroît infecté du même vice. Othon achete l'Empire par ses largesses; il est proclamé; Galba perd par son œconomie, sa fortune & sa vie. Si à l'adoption de Pison on avoit fait les largesses accoûtumées, les Prétoriens ne se seroient point rangés du parti d'Othon. Que leur importe en effet de qui vient l'argent, pourvû qu'ils en reçoivent: peut-être même que celui de Galba auroit eu plus de poids que celui d'Othon. Les bienfaits d'un Prince flatent plus que les libéralités d'un particulier, parce que les Princes sont supposés ne donner à leurs Sujets qu'à proportion qu'ils ont besoin d'eux; & certainement il est plus glorieux au Sujet d'être nécessaire à son Prince, que de l'être à son égal. Les dons des Princes sont des prêts honnêtes dont tôt tard on paye l'intérêt.

H La proclamation d'Othon cause un tumulte. Galba sort du Palais pour l'appaiser par sa présence : il voit venir à lui les Conjurés ; il leur présente sa tête, en leur disant qu'il se sacrifie volontiers, si sa mort est utile à la République & au Peuple Romain.

M La présence du Prince suffit souvent pour appaiser un trouble ; mais elle ne suffit pas à Galba : pourquoi ? Parce que les Gardes Prétoriennes sont accoutumées à voir l'Empereur. Sa présence ne fait pas plus d'impression sur elles que celle d'un homme ordinaire. Si Galba se présentoit dans un tumulte populaire , sa présence pourroit peut-être l'appaiser ; parce que le peuple ne voit point le Prince aussi fréquemment que ses Gardes le voyent. Princes, ne vous familiarisez point : plus rarement vous paroissez en public, plus le peuple est frappé de respect, lorsque l'occasion exige votre présence ; qui ne sait que le respect du peuple est la garde la plus assurée des Rois ?

H Galba n'a pas encore regné un an, qu'il a la tête tranchée : on la présente à la pointe d'une lance à Othon, qui, après l'avoir regardée, ordonne la mort de Pison.

M Quel crime Pison a-t'il commis pour être condamné à mort? D'avoir mérité la faveur de Galba. S'il n'avoit point été adopté pour Successeur à l'Empire, il vivroit encore, & jouiroit paisiblement de ses richesses. La rivalité est un crime, que l'ambition ne pardonne point. Quiconque possede à fond la Géographie de la Cour, mesure le degré auquel il veut pousse sa fortune, sur la distance qu'il y a de la hauteur

teur au précipice. L'orgueil des hommes appelle grandeur ce que la saine prudence ne regarde que comme péril, & les faveurs qui animent nos espérances, devroient au contraire exciter nos craintes.

CHAPITRE IV.

MARCUS SILVIUS OTHON.

NOus avons vû la cruauté être l'ame des actions de tous les Empereurs dont nous avons jusqu'ici observé le Regne : mais Othon qui a passé toute sa jeunesse dans la débauche, dans les plaisirs & dans la mollesse, nous surprendra par le changement que sa fortune paroît d'abord faire dans sa conduite. Bien différent de ses prédécesseurs, il semble ne faire usage de l'autorité, que pour gêner ses passions; dans un rang où l'on se croit tous permis, il n'eſt preſque rien qu'il ne ſe défende. Il eſt vrai que cette même douceur qu'on admireroit dans ſon regne, ſi elle n'étoit ſuſceptible de quelque interprétation déſavantageuſe par rapport à ſon parricide, pourroit être l'effet de la molleſſe qui paroît dominer dans tout ſon Gouvernement. S'il n'eſt point auſſi cruel que ceux qui l'ont devancé, il ne faut pas conclure qu'il ſoit plus humain : la cruauté eſt agiſſante, Othon eſt nonchalant.

Othon devenu Empereur, fait *H*
des grandes largeſſes a ceux dont la fidélité & la vigilance l'ont mis en poſſeſſion de l'empire. Il s'attache principalement à rem-

plir les promesses qu'il a faites aux Prétoriens.

M Le Prince le plus juste & le plus parfait n'est point sans defaut, ou du moins est toujours supposé en avoir. Les defauts dans les Princes sont des crimes, puisque les vertus dans les Princes sont à peine des qualités. La divinité n'est pas vertueuse, mais elle est parfaite; & les Princes sont l'image de la Divinité. N'avoir donc sur le Trône, que les vertus ordinaires, c'est être une copie imparfaite de l'original le plus parfait. Ceux qui sont nés dans l'humiliante nécessité d'obéir, ne souffrent point d'imperfection dans ceux qui jouissent du glorieux privilege de leur commander. La ſcience d'un Roi conſiſte à couvrir les defauts qu'il a, des qualités qu'il n'a point, à envelopper les vices qui lui ſont naturels, des vertus qui lui ſont étrangeres. L'avarice étoit le ſigne caractériſtique du Regne de Galba : Othon commence le ſien par la magnificence & la libéralité. Les changemens donnent des eſpérences aux mécontens : dès que les mécontens eſperent, le mécontentement finit, & la tranquillité du Prince commence.

Othon répond avec affabilité à tous les hommages que la foule lui rend. Marius Celſus qui étoit reſté fidéle jusqu'à l'extrémité à Galba, eſt en danger. Les Soldats demandent à Othon ſon ſupplice: Othon feignant de ſe prêter à leur fureur, le fait charger de chaînes; mais c'eſt pour le ſauver.

M Othon faiſant enchaîner Marius Celſus, connoît les bornes de ſa puiſſance. Il ſçait que le peuple s'entouſiaſme pour la nouveauté: ſon pouvoir n'eſt encore que foiblement affermi: il a bien une autorité ſuffiſante pour ordonner le crime; parce que c'eſt dans le crime que le peuple trouve ſes intérêts, mais non pour l'arrêter. Il ſauve Marius, parce que Marius a été fidéle à l'Empereur, & non à Galba : il ne donne donc point la vie à un ami de Galba, mais à un Sujet fidéle. Othon par ce trait de justice, encourage la vertu sans irriter le crime.

Le Sénat décerne à Othon *H*
tous les titres de la souveraine puissance ; il reçoit à la fois l'autorité de Tribun, & le titre d'Auguste.

Que le peuple borné par sa na- *M*
ture, & par sa nature extrême en tout, décerne le nom d'Auguste à Othon, je n'en suis point surpris ; il déifieroit une pierre ; mais que le Sénat par une basse flaterie & une timidité honteuse, donne à Othon un

titre qu'Auguſte n'a acquis qu'à force d'expéditions militaires, & d'actions vertueuſes, c'eſt ce qu'on ne peut voir ſans rougir pour lui de ſa lâcheté. Qu'a fait Othon? Sa jeuneſſe n'eſt qu'un tiſſu de plaiſirs, de débauches. Qu'a-t-il qui parle en ſa faveur? Le Gouvernement de la Luſitanie, acheté de ſa honte & adminiſtré avec un peu de décence. Othon ne doit-il pas lui-même ſe défier de tant d'honneurs gratuitement donnés, & qui ne ſont honneurs, que lorſqu'ils ſont acquis? Les tranſports du peuple, quels qu'ils ſoient, ne ſont que des ſaillies, dont un Prince éclairé ſe défie.

On

On le croit généralement fils H de Tibere ; non-ſeulement parce qu'on ſçait que ce Prince avoit été lié avec ſa mere, mais encore parce qu'il reſſemble beaucoup à cet Empereur.

Il n'y a rien qu'on conſidere M plus que la perſonne du Prince. Le peuple ne ſe contente pas d'obſerver ſon extérieur, il veut même ſçavoir ſes actions, il cherche à le pénétrer. Autant cette curioſité eſt dangereuſe pour les mauvais Princes, autant elle eſt favorable aux bons Princes. Ceux-ci ne riſquent rien, ceux-là haſardent beaucoup. Plus les premiers ſont tranſparens, plus ils excitent la haine de leurs Sujets : moins au contraire les derniers ſe concentrent, moins ils ſont expoſés aux révolutions. Si les Princes étoient bons, à peine faudroit-il des loix; les actions d'un bon Prince forment un code que les Sujets reſpectent, & que leur affection adopte : les mauvais Princes au contraire, n'ont d'autre appui que leur autorité, & d'autres Courtiſans que la haine & l'envie. Ils chancelent ſur le Trône ; comment ne trembleroient-ils pas ? Voit-on ſouvent un bon Regne accompagner une mauvaiſe vie ?

H Othon eſt ſi mol & ſi efféminé, qu'il met en uſage tous les petits artifices des femmes pour conſerver la fraîcheur & la beauté de ſa peau : ſa toilette l'occupe plus que l'Empire : il employe les parfums les plus précieux.

La moleſſe d'Othon ſeroit foibleſſe dans un autre Prince ; mais dans Othon peut-être n'eſt-elle qu'une vraie politique dont le principe pourroit être regardé comme un amour d'être Empereur, & non de regner. *M*

Othon en s'occupant du ſoin de ſes charmes, laiſſe ſes Miniſtres paiſibles poſſeſſeurs de toute l'autorité : ceux-ci voyent avec joie l'Empereur gouverné par le plaiſir, parce qu'ils gouvernent l'Empire : le Prince ſatisfait à ſes foibleſſes, les Miniſtres à leur ambition. Peut-être cette molleſſe d'Othon n'eſt-elle que l'effet de la reſſemblance que le peuple trouve dans l'Empreur avec Tibere. Il appréhende que le peuple ne craigne que, reſſemblant à ſon pere putatif par les traits du viſage, il ne lui reſſemble par le cœur. Un defaut, qui ſert à conſerver l'Empire, eſt un defaut dont un Prince ne ſe corrige point; & la vertu contraire ne ſeroit-elle point un defaut, que la politique ne ſçauroit pardonner?

H Vitellius, proclamé Empereur par les Légions de la Germanie, refuſe d'obéir à Othon.

Il envoye contre lui ſoixante & dix mille hommes, & paſſe lui-même dans les Gaules, pour accélérer la marche des Troupes qui lui viennent d'Angleterre.

Le peu de conſiſtance du pouvoir d'Othon, & l'élection de Vitellius prouvent que le droit d'élire un ſouverain, appartenant aux armées, l'Empereur élû ne ſeroit jamais qu'un Empereur momentané; parce qu'il y auroit autant de prétendans à la Couronne qu'il y auroit de Généraux d'armée; & de la diſcuſſion qui naîtroit de la multiplicité des Souverains, naîtroit non ſeulement la diſette, mais l'extinction peut-être totale des *M*

Sujets. Cette obſervation préſente une conſéquence néceſſaire, c'eſt qu'un droit qui ſeroit la ſource de tant de déſordres, ne ſçauroit être juſte. De-là on peut auſſi conclure que la Souveraineté héréditaire eſt infiniment ſupérieure en avantages à la Souveraineté élective.

H Othon ſe met en déſenſe : il envoye ſes troupes accueillir celles de Vitellius, qui ont deja pénétré dans la Lombardie. On livre pluſieurs combats particuliers. Les troupes d'Othon en ſortent avec des avantages conſidérables ; mais Vitellius ne ſe rebute point.

M Juſqu'ici Othon ſe comporte

en Prince qui eſt Général ; il harcelle Vitellius , & il réuſſit. Othon eſt aimé de ſes troupes, ſes ſoldats ſont ſes amis ; & une armée d'amis vaut le double d'une armée de ſujets. Othon ne livre des combats que par des détachemens; il compte & peſe ſes hommes, parce que ſes hommes ſont ſes amis, & que les amis ne s'achetent point au poids de l'or : mais Othon ſera-t'il toujours guidé par ces belles maximes ?

Vitellius en vient à une bataille. Othon s'impatiente ; ennuyé de l'incertitude de ſon ſort, il fait tous les préparatifs pour le combat , & ſe retire avec un corps nombreux de troupes d'élite à Brixellum pour y attendre ſa deſtinée. Vitellius triomphe.

M Othon ne ſe comporte plus en Empereur qui eſt Général ; mais en Empereur qui n'eſt occupé que de ſa conſervation. En privant l'armée de ſa préſence il lui ôte plus que la moitié de ſes forces. La préſence du Prince (nous l'avons déja dit) double ſon armée ; mais la préſence d'un Prince aimé la triple. On ſçait qu'Othon eſt adoré de ſes troupes. Couper la tête à un corps, c'eſt anéantir ſes membres. Othon, en ſe retirant, fait ſoupçonner à l'armée qu'il ſe méfie du ſuccès, & qu'abandonnant ſes troupes, il n'eſt plus occupé que du ſoin de ſa perſonne. Cette défiance éveille celle de l'armée: elle ne voit plus dans ſon Empereur qu'un Prince qui l'abandonne aux caprices du ſort & à la jalouſie de deux Généraux rivaux & preſqu'ennemis, SUETONIUS PAULINUS & LICINIUS PROCULUS.

Si Othon ſe répréſentoit que l'armée de Vitellius eſt compoſée en partie de Romains, & que les Romains combattant contre les Romains, il leur importe peu qui ſoit Empereur d'Othon ou de Vitellius, pourvû que l'Empire ne ſoit point diviſé, il animeroit l'affection de ſes ſoldats par ſa préſence, & peut-être ſeroit-il vainqueur.

Une autre réfléxion ſe préſente : tout Prince doit s'attacher à compoſer ſon armée de Nationnaux, s'il veut empêcher la diviſion de ſes Etats. Si Vitellius étoit Allemand, & qu'il fût à la tête de troupes de même nation, il ſe contenteroit de la Germanie, mais l'Empire Romain ſeroit diviſé; au lieu que les troupes de Vitellius & celles d'Othon, étant pour la plûpart Romaines, peu importe aux Romains lequel des deux Empereurs périſſe, pourvû que l'Empire reſte dans ſon entier.

H Cependant Othon pourroit ſe ſoutenir encore avec les débris de ſon armée : ſi ſes troupes ont perdu la bataille, elles n'ont point perdu courage : piquées d'émulation, & ſurpriſes de leur défaite, elles ſollicitent l'Empereur, & veulent en venir à un ſecond combat ; mais Othon ſenſible à leur zele, ſans s'y prêter, prie tous les Sénateurs & les principaux de ſes amis de reconnoître Vitellius ; ſa réſiſtance, leur dit-il, coûteroit trop de ſang aux Romains : il leur annonce qu'il eſt déterminé à mourir.

Othon a tout ſacrifié à ſon *M* ambition, veut-il obtenir le gouvernement de la Luſitanie ? Poppea ſon épouſe en eſt le prix, elle eſt livrée aux deſirs infames de Neron. Veut-il être Empereur ?

il abandonne ſes tréſors aux Gardes Prétoriennes. Touche-t'il au moment de perdre l'Empire? il ſacrifie ſa vie à la vanité de mourir Empereur. Il meurt, parce qu'il craint de vivre ſans regner, & couvre ſon ambition d'un attachement pour le bien public. Othon eſt donc un Empereur qui a vécu en femme, mais qui veut mourir en Empereur.

H Othon diſtribue ſon argent & ſes bijoux à ſes amis & à ſes domeſtiques. Après cette diſtribution il ſe couche, enfonce un poignard dans ſon ſein, & meurt ſans poſtérité au quatriéme mois de ſon regne, & à la trente-huitiéme année de ſon âge.

Si les amis de l'Empereur *M*
étoient les amis d'Othon, ils empêcheroient Othon de ſe tuer; mais ils ne ſont qu'amis du Prince, & le Prince ne meurt pas, quoiqu'Othon meure. Othon leur a diſtribué ſes tréſors, ils n'attendent plus rien de lui : il les délivre par ſa mort d'une ſervitude, c'eſt la reconnoiſſance : rarement cette vertu peut-elle ſoutenir l'air de la Cour. Il n'a plus rien à leur donner, ſa mort eſt le ſeul préſent qu'ils attendent de lui.

CHAPITRE V.

VITELLIUS.

LEs Regnes que nous venons de voir, inſpirent pour la plûpart l'horreur : en voici un qui excitera le mépris.

Il ſemble que la nature ait affecté à chaque homme ſon defaut particulier, pour le faire diſtinguer d'un autre homme. La ſociété des hommes ſeroit en effet une ſociété de Dieux, ſi la nature eût donné aux premiers des vertus pour ſignes caractériſtiques ; mais elle eſt corrompue ; de cette corruption naît cette diverſité de penchants & de caracteres, qui semble d'abord être nécessaire à l'harmonie de la Société; mais qui, réfléchie mûrement, fait gémir sur la foiblesse qui domine dans toutes les actions des hommes.

Nous n'éprouvons que trop, que les Princes, quoique enfans privilégiés, tirent leur origine de cette mere commune. Le pouvoir que le sceptre leur donne de vouloir tout ce qu'ils peuvent, les engage souvent à faire ce qu'ils ne devroient pas même vouloir.

Plus les Princes sont élevés, plus ils paroissent petits, si leurs vertus ne servent de télescope à leurs Sujets qui ne ceſſent de les obſerver.

Les excès auxquels Vitellius ſe livre, en s'abandonnant à la gourmandiſe, prouve combien peu il a été pénétré d'une vérité ſi utile, & qui devroit être continuellement préſente aux Princes.

H Dès que Vitellius apprend la défaite d'Othon par Cecina & Valens, il quitte ſon Armée, lui ordonne de continuer ſa route, s'embarque ſur la Saone en ſimple particulier, ſans ſuite & ſans cortege. Junius Bleſus, Gouverneur du Lyonnois, perſonnage d'un mérite diſtingué, & qui joint à des mœurs épurées beaucoup

beaucoup de magnificence, rémédie à l'extérieur peu décent de ſon Prince, & lui donne un train digne de ſon rang. Vitellius, à qui des ſentimens ſi généreux ne ſont point connus, l'accepte extérieurement avec beaucoup de reconnoiſſance, & intérieurement avec toute la haine, dont une ame auſſi baſſe & auſſi vile que la ſienne, peut être capable.

Junius n'eſt que Sujet de Vi- *M*
tellius, & il ſe comporte en Prince à l'égard de ſon Maître. Vitellius reçoit ſes dons, parce qu'ils appauvriſſent un Sujet qui lui paroît auſſi riche qu'un Prince : il les reçoit avec des ſenti-

mens de haine, parce que les Princes n'aiment point à voir dans leurs Sujets des vertus, qui ſont dignes des Princes. On doit donc dire que Junius eſt imprudent, & que Vitellius eſt un ingrat. Plus le Sujet donne au Prince, plus il s'expoſe à l'ingratitude du Prince. Rarement voit-on celui-ci ne pas ſe venger, lorſqu'il eſt réduit à l'humiliante impuiſſance de récompenſer.

H Suetonius Paulinus, & Licinius Proculus, pour obtenir leur grace de Vitellius, s'accuſent eux-mêmes d'infidélité, & prétendent avoir favoriſé la victoire de Vitellius, en faiſant donner la bataille aux Troupes d'Othon, déja fatiguées par une longue marche, & embarraſſées d'équipages & de voitures. Vitellius les croit ſur leur parole, & les traite favorablement.

Vitellius en pardonnant les *M* Généraux d'Othon ſur leur expoſé, ſe comporte en particulier, qui n'a point l'ame aſſez élevée pour exercer les vertus d'un Prince. Si l'expoſé des Généraux eſt vrai, Vitellius doit les punir. Ceux qui ont été infidéles à Othon, peuvent l'être & le ſeront à Vitellius ; s'il eſt faux, leur grace eſt encore plus éloignée. Quelle idée doit avoir Vitellius de deux Généraux, qui fidéles, veulent obtenir leur grace ſous le masque de la perfidie, & qui ont la bassesse de perdre leur honneur pour conserver leur vie?

H Si les Chefs des vaincus trouvent de la clémence dans le vainqueur, les Officiers subalternes ressentent les coups de son indignation. Vitellius fait tuer plusieurs Capitaines qui se sont signalés par leur zele pour Othon. Cette rigueur a des suites fâcheuses pour celui qui l'exerce: elle irrite la mauvaise disposition des Légions d'Illyrie.

M Si Vitellius ne voyoit dans les Troupes d'Othon d'autre crime que leur fidélité à l'Empereur, sa politique seroit détestable; mais lorsque les Troupes d'Othon ſont vaincues, & prétendent ne pas l'être, ne diſent-elles pas qu'elles veulent combattre? Une Armée vaincue, & qui ſent qu'elle ne l'eſt pas, eſt encore plus redoutable qu'une Armée victorieuſe : Céſar nous a fait voir que la victoire marche à côté de la confiance. Vitellius eſt Empereur, & un Empereur ne doit point trouver d'obſtacle : tout doit s'applanir devant qui peut tout : en faiſant tuer les Officiers, il coupe la tête aux Troupes ; le Soldat ceſſe-t-il d'être commandé? il eſt vaincu.

La gloutonnie de Vitellius le rend ſtupide ; mais cette ſtupidité eſt ſuſceptible de quelques paſſions; ſon caractere eſt une matiere molle, qui reçoit les impreſſions qu'on lui donne. Vitellius devient cruel ; à ſa gloutonnie il joint ce vice, qui lui eſt inſpiré par ſes Courtiſans. Quoiqu'il ne paroiſſe vivre que pour manger toujours & regner rarement, il ſçait haïr quelquefois, mais haïr d'une haine agiſſante & efficace.

M Si la vérité approchoit quelquefois du Trône, la flaterie ne feroit point tant de mauvais Princes. Si le bonheur conſiſte à ſuivre impunément ſes penchans, je ne vois point de gens plus heureux que les Courtiſans : livrés à leurs inclinations criminelles, ils en infectent les Princes ; & le crime armé du ſceptre leur aſſure l'impunité. Princes , dès que vous écoutez les Séjans, ſoyez auſſi pénétrans que les Tiberes. Mais pour être des Tiberes , il faut ſçavoir ſe partager entre les plaiſirs de la Royauté, & les peines du Gouvernement.

Dolabella eſt le premier qui *H* éprouve la cruauté de Vitellius. Il avoit épouſé Petronia , qui avoit été mariée à Vitellius , & qui s'en étoit ſéparée. Dolabella eſt accuſé par un de ſes intimes amis , qui après la délation, rougit de ſa perfidie , & tâche de réparer par des vérités avantageuſes, les calomnies qu'il a déposées contre lui. Mais l'affaire est rapportée par Sabinus, homme d'une probité foible & timide, & qui charge l'accusé dans le rapport qu'il fait à l'Empereur. Vitellius donne des ordres à un Officier d'accompagner Dolabella, & de le tuer dès qu'il sera arrivé à Intéramna. L'Officier hâte l'exécution, il le poignarde à la premiere Hôtellerie. Cet acte de cruauté donne une mauvaise idée du Gouvernement, il indispose contre Vitellius.

M La mort de Dolabella n'est pas un acte de justice, elle est un acte de vengeance. Dolabella n'a point offensé l'Empereur; il n'a offensé

offenſé que Vitellius, & l'Empereur doit oublier l'injure faite à Vitellius. Petronia en déclarant par ſa ſéparation Vitellius indigne d'être ſon mari, ſe déclare elle-même indigne de Vitellius; & celle qui ne méritoit pas d'être l'épouſe de Vitellius, ne mérite point le ſouvenir de l'Empereur. Le reſſentiment de Vitellius eſt donc une foibleſſe dans l'Empereur : & la mort de Dolabella une vengeance perſonnelle : elle fait déteſter le Prince, parce que le Prince ne doit être occupé que du ſoin de vanger le public.

Vitellius ſépare les Légions

vaincues : leur fierté l'allarme : il les divise & les met dans l'impuissance de se concerter contre lui : il casse les Gardes Prétoriennes qui avoient été fidelles à Othon ; mais il ne met aucune discipline dans ses troupes.

M Lorsque Vitellius sépare les Légions vaincues, cette opération fait-elle sa sureté ? Un bon politique n'en conviendra point : Vitellius ne leur fait-il point soupçonner qu'il les craint ? Et cette crainte n'annonce-t-elle pas la défaite du vainqueur ? Si Vitellius au lieu de les diviser les encourageoit à son service par des récompenses dûes à la fidélité qu'ils ont gardée à Othon ; il feroit oublier Othon, & feroit aimer l'Empereur régnant : en divisant les Légions il ne fait que les irriter ; & quoique divisées elles ont le même esprit.

La politique de Vitellius est également défectueuse lorsqu'il casse les Gardes Prétoriennes : c'est les punir d'une fidélité qui faisoit sa propre sureté : la vertu punie se vange tôt ou tard de l'injustice.

La grande politique du Prince consiste à maintenir la discipline dans ses troupes. Vitellius se rend donc responsable de de tous les désordres que cause la licence qu'il tolere dans ses siennes : lorsque le Prince néglige la discipline il arrive souvent que le sujet punit dans le Prince les désordres du soldat.

H Vitellius se voit dans l'impuissance de faire les largesses qu'il a promises : pour remplir son engagement il fait une réforme considérable dans les troupes, dont le nombre est si prodigieux que leur entretien épuise le trésor.

M Cette opération est vicieuse : elle péche contre la politique Romaine, qui selon Tacite, fait consister la sûreté d'un Etat non dans l'argent, mais dans la valeur. Si Vitellius avoit entretenu dans ſes armées la diſcipline & le travail, peut-être pourroit-il entreprendre avec quelque ſûreté, cette grande réforme ; mais des ſoldats qui ne reconnoiſſent point le frein du commandement, & qui ſont amollis par des excès de débauches & de libertinage ne voyent point ſans murmurer leurs travaux militaires revenir plus fréquemment pour chacun d'eux ; c'eſt à cette époque qu'on doit fixer le commencement de la ruine de Vitellius.

Vitellius viſite le champ de *H* Bataille : on lui conſeille de ſe retirer à cauſe de la puanteur des cadavres : il répond qu'il n'y a point d'odeur plus agréable que celle qu'exhale le cadavre de l'ennemi.

M Vitellius contemplant avec joye les cadavres qui ſont reſtés ſur le champ de bataille ; cela ne me ſurprend point ; ils ſont autant de victimes immolées à ſon ambition, il ſait que les hommes ſont, comme nous l'avons dit, la monnoye des Princes. Si Vitellius paroiſſoit affligé, on le prendroit pour un avare qui regrette ſon argent ; cette ſenſibilité ſeroit-elle digne d'un Empereur Romain ?

H Il entre dans Rome au milieu du Sénat & du peuple Romain en habit de Soldat, étendarts & drapeaux déployés, comme dans une ville priſe d'aſſaut.

Que prétend Vitellius en fai- *M*
ſant un telle entrée? Faire ſentir au Sénat qu'il n'y a point d'autre autorité dans Rome que l'autorité de l'Empereur, que parvenir à l'Empire par la force des armes, c'eſt ſe mettre au-deſſus de la loi, que le vainqueur n'en reconnoit d'autre que ſa propre volonté, & que la Capitale du monde n'eſt pour lui qu'une ville conquiſe.

Ce début eſt hardi : Vitellius *H*
le ſoutient dans le Sénat : il ſe loue beaucoup. Il fait le détail de toutes ſes actions de valeur.

Il ordonne qu'on célébre son avénement à la Couronne par des réjoüissances publiques.

M L'usage étoit que le Sénat fît l'éloge des Empereurs, & qu'il ordonnât des réjoüissances à leurs avénemens. Si Vitellius se charge de l'un & de l'autre, est-ce par légereté d'esprit ou par politique ? Il est vrai-semblable qu'il ne veut point se voir dans la nécessité de remercier le Sénat : le remerciment suppose une grace reçue, & la grace suppose une obligation, qui doit être suivie de la reconnoissance : mais jusqu'à ce que la reconnoissance ait agi, on est dépendant ; la conduite des Princes ne nous prouve-t-elle pas qu'ils regardent l'indépendance comme l'attribut eſſentiel de la Royauté ?

Vitellius s'invite à manger H chez les perſonnes les plus diſtinguées de Rome ; honorés de la préſence de l'Empereur ils le régalent avec tant de magnificence qu'il n'y a point de repas qui ne revienne au moins à dix mille écus : on compte dans celui qu'il a reçu de ſon frere deux mille plats de poiſſons les plus délicats & ſept mille de volaille.

Après avoir dépoüillé le Sénat de toute ſon autorité, Vitellius veut dépouiller les Romains de leurs richeſſes : ici Vitellius se surpasse : le moyen qu'il employe part d'une politique trop déliée pour lui appartenir. Cette expoliation ne fait point de bruit, il se sert de l'orgueil des principaux des Romains pour les appauvrir.

Princes, si vous êtes assez méchans pour dépouiller vos Sujets, soyez assez prudens pour employer des moyens qui les flattent : imitez le tigre, écorchez en léchant. La précaution que Vitellius prend en exigeant de son frere un repas si dispendieux, couvre les desseins qu'il a contre les principaux de Rome. Les principaux de Rome vivant avec leur Prince ont la folle vanité de trancher du Prince, ils s'appauvrissent, mais c'est sans murmurer, parce que leur pauvreté est le fruit de leur orgueil : rarement voit-on quelqu'un reclamer contre sa passion favorite.

Vitellius honnore la mémoi- *H* re de Néron ; il conserve pour ce Prince une vénération si outrée, qu'il lui fait faire solemnellement par les Prêtres du Collége Augustal les offrandes, dont on a coûtume d'honorer les morts.

Honorer la mémoire d'un *M* Prince odieux par ses cruautés & ses débauches, c'est se déclarer complice & protecteur de ſes crimes. C'eſt réveiller contre ſoi toute l'indignation que le ſujet avoit contre un tel Prince : faire des offrandes à Neron mort, c'eſt le prendre pour modele : vivre & régner comme Neron, c'eſt vouloir finir & ſon régne & ſa vie comme lui; dans le langage des Cours, c'eſt préparer la même récompenſe aux mêmes vertus, & dans celui de la vertu, la même punition aux mêmes crimes.

H L'Empereur apprend qu'un Aſtrologue répand dans Rome que ſon régne ne durera point un an : il bannit tous les Aſtrologues de l'Italie, & ordonne qu'on éliſe des Magiſtrats pour dix ans.

Il est de la prudence du Prince de décréditer les gens de cette espéce. Le peuple s'attache obstinément à ce qu'il croit; pourvû qu'on lui annonce du merveilleux il donne sa confiance; & un Astrologue avec sa science se rendroit aussi sûrement maître des esprits, qu'un Prêtre avec la Religion qui les enchaîne par la foi. Les mauvais Princes sont encore plus intéressés à expulser les Astrologues; parce qu'ils ne doivent point souffrir des hommes qui paroissent au peuple en sçavoir plus qu'eux. La supériorité de connoissance est toujours une supériorité, & la science de ceux qui parviennent au trône par la violence, consiste à rabaisser tout ce qui veut s'élever au-dessus d'eux.

Il ne faut jamais annoncer des mauvaises nouvelles aux Princes, encore moins leur prédire : ils sçavent qu'ils sont mortels ; ils ne veulent point qu'on le leur dise, parce qu'ils prennent quelquefois plaisir à l'oublier : on peut dire sur ce point de quelques-uns d'entr'eux qu'ils ne haïssent pas toujours ce qu'ils n'ont jamais souhaité.

H Vitellius met tous ses soins à fomenter les deux factions qui partagent les Romains, la faction Venetienne & la faction Prasine : pour cet effet il institue des jeux, des courses & fixe des prix aux vainqueurs.

Vitellius diviſe le peuple par *M*
des jeux, pour le diviſer en effet; la diviſion des Sujets fait la ſureté des Tyrans. Si Vitellius fait des préſens riches aux Vainqueurs, c'eſt pour augmenter le nombre des concurrens, & par conſéquent la diviſion; ce n'eſt donc pas la valeur que Vitellius récompenſe, mais c'eſt la diſcorde qu'il paye: il fait que tôt ou tard le malheur du vaincu deviendra un déſir de vangeance; & que tandis que le peuple ſe bat, le Prince triomphe.

L'Empereur eſt informé que *H*
quelques particuliers ont applaudi dans un combat à la faction

Prasine ; protecteur déclaré de la Venetienne, il fait massacrer tous ceux qui ont osé applaudir à la premiere.

Ce n'est point par affection pour les Venetiens que Vitellius est cruel aux Prasins. Ce sentiment seroit une pusillaminité dans un Empereur : tant de Souverains ont péri par les factions & les tumultes populaires, que Vitellius veut se faire un appui de la cause même de la chute de ses prédécesseurs, lorsqu'il se déclare contre la faction Prasine, il engage la Venetienne à lui être fidelle & à prendre sa défense ; il acquiert par ce moyen la science si nécessaire au Prince de de distinguer ses amis & ses ennemis. Les mécontens se réunissent ordinairement : ici ceux qui le sont se joindront nécessairement à la faction Prasine, & Vitellius les connoîtra : si au contraire Vitellius demeuroit neutre, il confondroit l'ami avec l'ennemi, & se défieroit de tous : en se déclarant au contraire pour une faction, il est assuré qu'il n'a qu'à se tenir en garde contre l'autre. La foiblesse des Sujets fait la force du Prince, & diviser des Sujets n'est-ce pas les affoiblir ?

Vitellius accorde la grace à un Cavalier condamné à mort, parce qu'il apprend que le con- H damné l'a fait ſon héritier ; mais liſant enſuite le Teſtament, & trouvant qu'il avoit déclaré ſon co-héritier un Affranchi ſon grand favori, il fait maſſacrer l'un & l'autre.

M L'Affranchi déclaré co-héritier uniquement parce qu'il eſt favori du Prince, découvre à Vitellius une vérité importante. Le Teſtateur en faiſant l'Affranchi co-héritier, le met au niveau du Prince. Vitellius voit par conſéquent que ſon favori a autant d'aſcendant ſur l'eſprit du Peuple que lui, & que le Peuple fait autant de cas de l'Affranchi que de l'Empereur : ſi la grace du condamné ſubſiſtoit-elle feroit aux yeux du Peuple, autant une grace de l'Affranchi que du Souverain ; ainsi la politique de Vitellius est aussi louable qu'inhumaine. Si un Prince qui partage son autorité, risque beaucoup de la perdre, ne la perd il pas en effet lorsqu'il la partage avec un Affranchi ? aussi Vitellius fait-il tuer le Testateur pour faire voir au Peuple qu'il est incapable d'une telle foiblesse; il fait tuer l'Affranchi pour le punir de la témérité de se donner dans le Peuple le titre de maître de son maître. Delà, Princes, apprenez à humilier cette bande de protégés qui tranchent des protecteurs, & qui serpens aux pieds du Trône, sont les aigles en public.

H Dans le commencement de son regne Vitellius se distingue par la gourmandise ; mais à mesure qu'il avance, sa cruauté se manifeste : à la mort de l'Affranchi & du Testateur, il joint l'assassinat de deux freres qui lui demandent la grace de leur pere condamné à mort.

M La politique des Tyrans a cela de fatal, qu'elle ne porte que sur l'injustice & sur la cruauté, & que le crime est une vertu nécessaire à celui qui exerce la tirannie ; les deux freres ne sont pas massacrés pour avoir demandé la grace de leur pere;

mais parce que ils cédent à leur douleur en préſence du Prince qui leur refuſe la grace : Vitellius craint que le déſeſpoir ne ſuccéde à une douleur ſi vive : ainſi Vitellius pourvoit par leur mort à ſa ſureté, parce qu'il prévient la vengeance ; le déſeſpoir des Sujets eſt l'ennemi le plus dangereux du Prince.

Vitellius apprend qu'un de H
ſes confidens eſt malade, il lui fait viſite, & par un ſoin qui paroît affectueux il lui donne un verre d'eau dans laquelle il gliſſe du poiſon, qui fait mourir le malade.

La confidence d'un ſcélé- M
rat m'allarmeroit moins que

celle d'un Prince cruel & débauché : le dernier rougit d'avoir devant ſes yeux les témoins de ſes crimes, & c'eſt ſa punition. Mais l'impunité eſt le privilége de l'autorité ſuprême : pour en jouir, il punit le confident de ce qu'il ſait ſa honte. Le premier au contraire voit ſon complice avec quelque plaiſir, il ne voit en lui qu'un aſſocié avec qui il partage les ſoins & les profits de ſa ſcélérateſſe.

La vue des Princes eſt tendre & délicate ; elle ne ſouffre rien de déſagréable ; la préſence des témoins de leurs crimes eſt un reproche continuel qui trouble leur repos : ils cherchent leur tranquillité dans leur perte.

S'il eſt vrai (je ne crois pas même qu'on puiſſe en douter) que les courtiſans font les bons ou les mauvais Princes, quelle punition ceux-ci ne doivent-ils pas à ceux-là pour leur avoir fait perdre l'amour de leurs Sujets ? Et puiſque le mauvais Prinve eſt un fardeau qui accable le Peuple, n'eſt-il pas juſte que le Peuple ſe réjouiſſe des larmes des courtiſans ?

Vitellius devient de jour en jour plus cruel : ſa cruauté aigrit les eſprits ; les Légions de l'Orient, celles de la Sclavonie & de l'Egypte proclament Empereur, Vespasien leur Général. Vespasien refuse cet honneur : les soldats le menacent de le tuer, s'il n'accepte point la dignité Impériale.

M Vitellius est dupe de sa sécurité : sa cruauté tient Rome dans la dépendance ; mais s'il la voit tranquille, qu'il apprenne que cette tranquillité n'est que l'effet de la crainte, & que la crainte du citoyen ne passe point jusqu'aux armées où ses cruautés l'ont rendu odieux : comme la force du Prince est dans ses armées, on peut dire qu'il est sans force dès qu'il est parvenu à se faire haïr des troupes.

H Vespasien laisse le commandement

dement des troupes contre les Juifs à son fils Titus ; il se porte à Alexandrie, d'où il envoye en Italie Licinius Mucianus Général de la Syrie, à la tête d'une armée puissante. Antoine Général de la Sclavonie, prend la même route avec un nombre considérable de Hongrois & de Misiens, dont il a renforcé ses Légions.

Tout Prince dont la domina- *M*
tion s'étend sur plusieurs grands Etats, doit diviser chaque Etat en plusieurs Gouvernemens : plus les Gouverneurs sont multipliés, moins leur concert est facile contre le Prince. Un Gouverneur qui commande à des

Royaumes, touche au Trône pour peu qu'il ait d'ambition ; parce que les Commandans qui sont sous ses ordres son en petit nombre, & qu'ils peut plus facilement faire entrer dans ces vûes le petit nombre que la multitude ; l'évenement justifie cette maxime. Vitellius en fait la triste expérience, Antoine & Vespasien la font aussi, mais d'une maniere bien différente : ils commandent à une grande partie de l'Europe, de l'Asie, & de l'Afrique: ils ont chacun les forces d'un grand Monarque : que leur manque-t-il pour l'être en effet ? La révolte.

H Vitellius envoye ses deux Généraux Cecina & Valens avec une nombreuſe armée à la rencontre d'Antoine : on en vient aux mains près de Crémone ; Vitellius perd trente mille hommes, Antoine cinq mille : celui-ci victorieux continue ſa marche vers Rome, il écrit à Vitellius qu'on lui accordera ſa vie, s'il abdique la Couronne.

Si l'Italie avoit des Forteres- *M*
ſes, une journée ne décideroit point de la fortune de Vitellius. Les Royaumes qui n'ont d'autre fortification & d'autre défenſe que des armées, dépendent autant du haſard que du Prince qui regne. Les Conquêtes de pluſieurs ſiécles ſe perdent dans

quelques heures, & la ſureté du vainqueur ne dure pas plus que le tems qui eſt entre la bataille & la victoire ; ce tems eſt en rapport à la diſtance du bonheur au malheur, qui rarement ſont éloignés l'un de l'autre.

H L'Empereur traite de la renonciation à l'Empire avec Flavius Sabinus & avec Domitien, un frere, l'autre fils de Veſpaſien, qui ſont à Rome: le traité eſt conclu, & Vitellius jure dans le Temple de Junon de le ratifier.

M Le jurement n'eſt qu'un badinage pour les Grands. La raiſon d'Etat eſt pour eux la raiſon la plus forte : ce prétexte fait très-ſouvent du parjure une vertu. Si Vitellius jure de quitter l'Empire, ce n'eſt que pour gagner du tems : les Traités entre les Princes qui n'ont point de religion, ont l'air d'affaires ſérieuſes, & ne ſont que des feintes : perſonne ne ſe détermine à périr par un Traité, à moins qu'on n'y ſoit contraint par violence : mais un tel Traité ceſſe de l'être : s'y fier eſt donc foibleſſe dans celui qui l'exige, & l'obſerver, eſt folie dans celui qui y eſt forcé.

Vitellius en ſortant du Temple de Junon, ordonne qu'on tue Flavius Sabinus & Domitien : ils ſe réfugient au Capitole : ils y ſont pourſuivis vigoureuſement : Domitien ſe dérobe & trouve ſon ſalut dans la fuite, Flavius & ceux de ſa ſuite ſont tués.

M C'eſt ainſi que Vitellius obſerve le ſerment fait devant l'autel de la Déeſſe Junon : la Religion & la Divinité ſont chez la plûpart des Grands, les inſtrumens de leur politique : le Dieu des Princes eſt leur Empire, & le ſacrifice de leurs ennemis, leur Religion.

H Antoine hâte ſa marche vers Rome : rien ne l'arrête : Vitellius ne peut point s'y oppoſer : il voit arriver le moment de ſa perte : après avoir oppoſé la force, il oppoſe la beauté, il envoye des Ambaſſadeurs au vainqueur, chargés de renouer le Traité de renonciation, il employe même la médiation des Vierges Veſtales, qu'il envoye pour le prier de ne point arriver en ennemi ; mais ſourd aux propoſitions de ceux-là, & aux prieres de celles-ci, il défait les troupes de Vitellius, entre de force dans Rome.

Lorſque Vitellius fait le Traité avec Flavius & Domitien, il ſigne, il eſt vrai, la renonciation à l'Empire, mais c'eſt pour exercer l'autorité d'Empereur contre ſes deux ennemis. S'il tente la même voye avec Antoine, ce n'eſt ſans doute que pour s'en défaire par la même voye : il envoye des Veſtales au-devant de ce Général, afin de l'amuſer par l'amour, en cas qu'elles ne puiſſent point l'arrêter par la Religion : mais Antoine, comme ſoldat, ne les écoute point comme Veſtales ; & comme politique il ne fait point de cas de leur Virginité. Vitellius ignore-t-il que le cœur d'un Prince ambitieux ne donne point de priſe à tout ce qui n'eſt point ambition ?

H Vitellius accablé de ſon ſort, ſe cache dans une petite chambre, on le trouve, on le traîne dans les rues, les mains & les cheveux liés, la corde au col, les habits déchirés, moitié nud, & avec un poignard ſous le menton, pour l'obliger à tenir la tête élevée. Le Peuple l'accable d'infamies : enfin après avoir reçu pluſieurs bleſſures, il eſt tué par les Soldats & jetté dans le Tibre à l'âge de 57 ans, après avoir regné dix ou onze mois.

Dès qu'Antoine eſt maître de Rome, il doit faire mourir Vitellius : mais comment le fera-t-il mourir ? Une mort ordinaire n'appaiſeroit point les manes de Flavius Sabinus ; & ſévir contre un Empereur Romain, bleſſeroit la Majeſté Impériale. Antoine prend en bon politique le parti de laiſſer faire les Soldats & le Peuple ; parce que si Vespasien comme Vespasien souhaite d'être vengé, la mort de Vitellius est assez cruelle pour satisfaire sa vengeance : si au contraire Vespasien comme Empereur, est touché des traitemens cruels que son Prédécesseur a essuyés, Antoine s'excuse facilement, il rejette la faute sur la confusion & le tumulte du Peuple & des Soldats qu'il n'a pû contenir.

CHAPITRE VI.

FLAVIUS VESPASIEN.

LA juſtice, qui depuis Auguſte n'a pû approcher du Trône, l'éclaire enfin quand Veſpaſien y monte. Quoique verſé dans l'art militaire, ce Prince fait ſuccéder aux horreurs des guerres civiles les charmes de la paix. Doux, ſobre, laborieux, ſujet des loix, & Prince pour leur exécution, il les met en vigueur. Porté à la clémence, il ne ſent point les aiguillons importuns de l'ombrageuſe défiance, ſource inépuiſable d'injuſtices & de cruautés : mais Veſpaſien eſt économe, & cette qualité, répand, ſuivant quelques-uns, un vernis peu flateur ſur ſes autres vertus. Un Prince économe, eſt aux yeux du peuple, un Prince avare ; parce que la libéralité eſt dans le Prince la premiere vertu qui touche le peuple. Le cœur de la multitude eſt un gouffre toujours prêt à recevoir, & jamais à donner.

H Vitellius n'eſt pas plutôt jetté dans le Tibre, que le Sénat envoye à Alexandrie des Ambaſſadeurs à Veſpaſien pour lui rendre hommage, & l'inviter à venir jouir à Rome de tous les honneurs dûs à la Majeſté Impériale : en attendant, le Sénat nomme Domitien, ſecond fils de Veſpaſien, Préteur avec l'autorité de Conſul ; on lui donne Autoine & Mucien pour Conſeillers.

Veſpaſien n'ignoroit pas que *M*
les Troupes qu'il avoit envoyées en Italie, étoient ſupérieures à celles de Vitellius, puiſqu'il avoit reçu avis de leur ſuccès : cependant il ne veut point quitter l'Afrique ſans être aſſuré de la mort de Vitellius, & du rétabliſſement de la tranquillité dans Rome. Il attend que le Sénat & le Peuple le préviennent ; il ne veut avoir rien à ſe reprocher par trop de précipitation : il veut

avoir fait ſon entrée dans le cœur des Romains, avant que de la faire dans Rome. Vitellius l'a faite en ſoldat; Veſpaſien veut la faire en Prince; il ſe dépouille de toutes les marques de la victoire, toujours humiliantes pour les vaincus, & odieuſes dans les guerres civiles. Ainſi Veſpaſien fait ſon entrée dans Rome comme un ſucceſſeur dans les Domaines de ſes ancêtres. Il y entre comme un Empereur que l'on deſire, non comme un vainqueur que l'on craint.

H Veſpaſien auſſi vigilant qu'heureux, ne s'endort point à Alexandrie : il joignit toujours beaucoup de prévoyance à beaucoup de bravoure. S'il n'a point jusqu'ici éprouvé les caprices de la fortune, il n'ignore pas combien cette Divinité est capricieuse. Quoiqu'il ait lieu d'espérer le succès qui couronne ses entreprises, il fait des Traités avec le Roi des Parthes, & avec les Rois & les Tétrarques de l'Orient : c'est une ressource qu'il se ménage en cas d'événement. Mais dès qu'il apprend la mort de Vitellius, il remercie ses Alliés de leur bonne volonté, & n'accepte point leurs Troupes. Le tems de la navigation devient favorable, il s'embarque pour Rome,

Quoique Vespasien n'ait pas M

besoin des Troupes de ses Alliés pour quelque expédition, il semble cependant qu'elles lui seroient nécessaires pour l'escorter dans son voyage; puisqu'il a envoyé la plus grande partie des siennes en Italie sous les ordres de Mucien. Qu'est-ce donc qui détermine Vespasien à remercier ses Alliés? C'est que Vespasien est un Prince sage, qui pese toutes ses actions dans la balance de la vraie politique. Si les Troupes des Alliés l'accompagnent, elles apprendront le chemin de Rome, elles verront les richesses de cette Capitale; & les Alliés séduits par l'appas du butin, apprendront en venant comme amis,

amis, à revenir en ennemis.

Vespasien ne doit son éléva- H
tion qu'à lui-même ; sa valeur & ses vertus l'ont conduit par degrés au Vice-Consulat de l'Asie ; il avoit déja appaisé les troubles de l'Angleterre : Neron le nomma son Général contre les Juifs : il le regardoit comme un Officier d'une valeur éprouvée, & d'une expérience peu commune : enfin Vespasien a fait ses preuves puisqu'il est sorti vainqueur de trente batailles.

Nous voyons ici la raison qui M
porte les Officiers inférieurs de l'armée à menacer Vespasien de le tuer s'il n'accepte point l'Em-

pire ; la raiſon de ſon refus devient auſſi ſenſible. Les Officiers veulent un Empereur de baſſe condition, parce que s'il ſe ſoutient, cette élection leur établit le droit d'aſpirer au Trône : ce droit encourage le Soldat. La valeur eſt en ſi grande réputation, qu'il n'eſt point de Soldat qui ne s'attache à ſe diſtinguer, perſuadé qu'il eſt, qu'à force de bien obéir, il pourra parvenir à commander. Veſpaſien refuſe l'Empire parce qu'il ne veut point indiſpoſer les Familles de Rome, qui remplies de la gloire de leurs Ancêtres, ne le verroient qu'avec jalouſie ſur le Trône des Céſars : il apperçoit le précipice, il l'évite : ainſi la politique des Officiers eſt juſte ; celle de Veſpaſien eſt prudente : tant de ſageſſe répond parfaitement à la maniere de penſer des Officiers : le ſuccès devoit néceſſairement ſuivre la juſteſſe des uns réunie à la ſageſſe de l'autre.

Pendant que Veſpaſien continue ſa route vers l'Italie, les Hollandois & quelques Peuples des Gaules font leurs efforts pour ſecouer le joug Romain & regagner leur liberté premiere : mais ils ſont rangés à leurs devoir par Quintilius Céréalis, que Veſpaſien charge de cette expédition. *H*

M Il importe peu que les Princes ſoient abſents, pourvû que leurs forces, leur autorité & leur génie ſoient préſens; Veſpaſien eſt ſur mer, mais ſa vigilance eſt à Rome dans la perſonne de ſon Fils; ſa Puiſſance eſt dans les Gaules, dans l'armée de Quintilius Céréalis. Le Prince eſt partout où il ſçait faire reſpecter ſa puiſſance. Combien de Princes ne ſont nulle part, parce qu'ils ne ſçavent nulle part ſe faire reſpecter!

H Titus Fils aîné de Veſpaſien, après avoir ſubjugué la Judée, pris Jéruſalem réduite à la famine par un ſiége de cinq mois, ſecouru Tiridate, Roy d'Armenie, contre les Alains, Peuple de la Scithie, ſe rend aux ordres de Veſpaſien qui le rappelle à Rome pour y recevoir les honneurs du triomphe.

Veſpaſien ne pouvant ſe faire *M* honneur de ſes Ancêtres, veut ſe faire gloire de ſes deſcendans. Tandis que d'autres, ſemblables aux Banquiers qui ne brillent que ſur les fonds d'autrui, racontent des faits paſſés, qui ne peuvent être à l'avenir que ce qu'ils ſont préſentement; Veſpaſien brille avec des fonds qui lui appartiennent, il fait voir des actions préſentes que l'on regarde comme le germe de faits encore plus éclatans. Le bonheur de Rome consiste après tant de mauvais Princes à se voir commandée par un Prince qui répare le ravage des crimes, par le fruit des vertus. Les crimes du Regne qui précéde, servent de lustre aux vertus du Regne qui suit.

H Vespasien participe au triomphe de son Fils, parce qu'il a été chargé par Neron de commencer la guerre contre les Juifs, qui ont perdu dans Jérusalem & dans le reste de la Judée, un million cent mille personnes, sans compter quatre vingt dix-sept mille, que l'on a réduit à l'esclavage : le Temple & la Ville sont détruits : Vespasien en faveur de cette victoire mémorable fait un triomphe si beau, qu'on n'en a jamais vû de semblable : son fils Titus lui est associé dans la Censure, dans le Tribunat & dans le Consulat.

Si Vespasien partage les hon- *M*
neurs du Triomphe avec son Fils, ce n'est point pour diminuer la part des lauriers que son Fils mérite : cette fausse vanité si commune aux Princes, est indigne d'un Prince tel que Vespasien : il se plaît à encourager & non à rebuter la vertu. La victoire remportée sur les Juifs, est le sujet principal du triomphe de Titus. Titus est le sujet principal du triomphe de

Veſpaſien : Titus triomphe par la défaite des Juifs ; Veſpaſien par les vertus de Titus. Celui-ci acquiert toute la gloire d'un ſoldat ; celui-là toute la gloire d'un Pere : Rome loue l'un d'avoir vengé l'Empire Romain par la mort d'un million d'ennemis ; elle loue l'autre d'avoir donné le jour à un Fils qui conſerve l'honneur de Rome. Les Romains voyent dans Veſpaſien un Pere qui ſeul mérite d'avoir un Fils digne de lui être aſſocié ; il voyent dans Titus un Fils qui mérite d'avoir un Empereur pour Pere.

H Veſpaſien eſt continuellement occupé des affaires du Gou-

Gouvernement : il réforme les abus , encourage les bonnes mœurs, fait des nouvelles Loix, & porte une attention scrupuleuse à la distribution de la Justice & à l'exercice de la Religion.

Un Prince qui ne prend de la *M*
grandeur que le plaisir, est inférieur à son sujet ; en prendre le fardeau est précisément ce qui constitue le Prince. S'il ignore que la Justice n'est pas la seule regle du Gouvernement, il n'est que Prince commencé; assise seule sur le Trône, elle feroit autant de mal que de bien : elle a besoin d'être associée à la Religion : celle-là porte, il est vrai,

la tranquillité parmi les Sujets ; mais celle-ci détermine le Particulier à souffrir avec patience les inconvéniens qui en résultent : l'une régle le Droit, l'autre le soutient : le concert de l'une & de l'autre font l'honneur & la sureté du Prince.

H L'œconomie de Vespasien que l'on soupçonnoit d'abord d'avarice, est cette science admirable que peu de Princes possédent, & dont les effets annonçent toujours la grandeur de celui qu'elle guide. Si, semblable à Neron, il dépense des richesses immenses, bien différent de lui, il les employe à élever des édifices publics. Il fait rebâtir le Capitole qui a été brulé par Vitellius, & cette partie de Rome, dont les ruines publient l'extravagance cruelle de Neron : il éleve un Temple à Pallas, dont la magnificence l'emporte ſur tout ce qu'on a vû, & tout ce que l'on voit de plus beau dans Rome : à tous ces Monumens de ſa gloire, il joint encore un vaſte Amphithéâtre qu'il fait élever, & rétablit dans tout l'Empire les belles Manufactures, que les ravages de la guerre ont endommagées.

Le ſouvenir de la libéralité *M*
d'un Prince meurt ordinairement avec ceux qui en ont reſſenti les effets ; le ſouvenir de

de son affabilité n'a pas plus de consistance, il périt avec les contemporains. Le souvenir de son attention à pourvoir aux besoins du Peuple, ne vit pas plus long-tems qu'une génération. (lorsque l'objet est absent, l'impression s'efface.) La sagesse des Loix n'est connue que d'un très-petit nombre : mais la magnificence des édifices se perpétue de siécle en siécle ; toujours présens, ils rappellent toujours le nom du Prince à qui l'on en est redevable. Cette idée réveille le souvenir de ses autres vertus ; mais il faut qu'ils ressemblent aux édifices de Vespasien; il faut qu'en les regardant, le

Spectateur connoisse & avoue que des ouvrages semblables sont réservés uniquement aux grands Princes : autant les beaux & grands édifices annoncent le grand Prince , autant les petits annoncent le petit Prince.

Vespasien accorde des gran- *H*
des pensions aux Savans , tous ceux qui se distinguent par leur vertu , ou par quelque art utile, ressentent les effets de sa grandeur & de sa libéralité.

Vespasien , bien différent de *M*
beaucoup de Princes , récompense l'utile , & se contente de payer l'agréable : n'est - ce pas manquer à la justice distributive, que de ne pas donner de quoi vi-

vre à ceux qui ſont la perfection de la vie ? Veſpaſien eſt trop juſte pour ne pas remplir ce devoir eſſentiel du Gouvernement. En veillant aux beſoins des hommes vertueux, le Prince montre une nobleſſe d'ame qui prévient les obligations de la juſtice. Les Savans ſont des lampes dans l'Etat ; c'eſt aux Princes à les entretenir d'huile s'ils veulent en être éclairés. Un Souverain qui néglige les Savans, ſe néglige lui-même : le Gouvernement n'eſt fondé que ſur l'opinion des hommes. Le Prince peut donc apprendre des Savans les moyens de rendre ſon regne heureux : négliger cette partie la plus éclairée de l'Etat, c'eſt haïr la lumiere, & ſe décider pour les ténébres : ſi ce n'eſt pas ceſſer abſolument d'être Prince, n'eſt-ce pas du moins ſe rendre ſujet de ſes Miniſtres ?

Plus l'Empereur trouve à pla- *H*
cer ſes libéralités, plus il s'attache à rétablir en Aſie & en Europe le tribut qu'on a ceſſé de payer ſous le mauvais Gouvernement de ſes Prédéceſſeurs : ſi ſa généroſité épuiſe le tréſor Impérial, ſa vigilance lui fournit des moyens de le régler, & même de l'augmenter.

L'argent eſt le nerf du Gou- *M*
vernement & du Prince : comme

le Prince ſe trouve ſans ceſſe dans la néceſſité de le répandre; la ſource où il le puiſe doit être intariſſable : un Prince généreux eſt un arbre fruitier, qui plus il porte de fruit, plus il a beſoin de ſuc nourricier : & c'eſt la différence que je trouve entre la Divinité & le Prince : à peine l'un peut avec beaucoup faire quelque choſe ; l'autre de rien peut faire tout.

H Cœſonius Petus, Gouverneur de la Syrie, ſubjugue la Comagêne, & fait Antiochus priſonnier. Veſpaſien ne veut pas qu'on le mene à Rome ; il lui donne Lacédemone pour ſejour, & lui aſſigne un revenu convenable à son rang.

La prise du Roi Antiochus M est en partie un effet du hasard, & en partie un effet de la valeur de Cœsonius ; mais le traitement honnête que ce malheureux Roi reçoit dans la Grece, est dû tout entier à la vertu de Vespasien : la même philosophie qui ordonne de respecter les malheureux, exige qu'on les secoure : triompher des malheurs d'autrui, n'est-ce pas en effet les mériter ? D'ailleurs si l'on mene Antiochus à Rome, tout le monde admirera la conquête de Cœsonius, Vespasien n'en profitera point ; mais il est conduit à Lacédemone, & la modeſtie de Veſpaſien fait l'admiration de l'univers. Si on loue beaucoup Cœſonius comme Général, on loue encore plus la vertu de Veſpaſien comme Prince. Ainſi on rend juſtice à Cœſonius ſur ſes exploits militaires, & à Veſpaſien ſur ſes actions royales.

H Veſpaſien n'eſt pas plutôt monté ſur le Trône, qu'il ſe preſcrit un genre de vie : on l'éveille avant le jour ; il lit, ou ſe fait lire les Lettres, les Mémoires, & autres avis qui demandent une prompte expédition. Il écoute, pendant qu'on l'habille, les Miniſtres qui ont à lui communiquer des affaires importantes. De ſa toilette il paſſe à l'audience publique, & expédie les affaires dont on lui a parlé : il va enſuite à la promenade; de retour il prend un repas fort ſobre; & conſtant dans ce régime ſalutaire, il obſerve chaque jour le même ordre dans les affaires & dans les plaiſirs.

Quiconque doit par état don- *M*
ner des regles aux autres, doit vivre en regle. Si la Divinité n'étoit pas bonne, elle ne commanderoit pas le bien. On a vû quelquefoïs des méchans Princes bien commander; mais pourquoi les a-t-on vûs ordinairement ſi mal obéis? Parce que le peuple incapable de diſtinguer entre

l'autorité du Prince & sa personne, a plus d'égard à la personne qu'à l'autorité. Les mœurs du Prince sont plus frappantes, puisqu'elles sont plus visibles ; au-lieu que le droit de l'autorité est un point qui ne tombe pas sous les sens, & qui par conséquent est inaccessible à la multitude. Tel est le Prince, telle est la Cour ; & telle est la Cour, tel est le peuple. Le Prince est-il vertueux ? la flaterie est plus puissante que l'amour du devoir ; & tout est vertueux à la Cour, jusqu'au flateur qui l'est par bassesse.

H Des Courtisans pour faire leur Cour sous prétexte de veiller à la réputation du Prince, accusent plusieurs personnes d'avoir tenu des discours malins & téméraires sur Vespasien : il ne s'en vange point. Vespasien attentif à récompenser ceux qui s'attachent au bien public, ne se donne point la peine de punir ceux qui n'attaquent personnellement que Vespasien.

Se venger des injures est de *M*, la foiblesse des hommes, les pardonner est de la Divinité. Le Prince qui en est l'image, se met au niveau d'elle, lorsqu'il oublie les offenses personnelles : un Prince vindicatif déclare par la vengeance, qu'un Sujet peut l'affliger, & cet aveu ne le rend-il pas inférieur au Sujet ? Au lieu que le Prince qui pardonne, fait voir qu'il est si élevé au-dessus du Sujet, que les traits de celui-ci ne peuvent point l'atteindre ; le mépriser, est le punir suffisamment.

H Quoique Vespasien apprenne que l'on prêche la Religion de Jesus-Christ dans Rome & dans tout l'Empire Romain, il ne permet point que l'on inquiete ceux qui la prêchent.

M Vespasien qui permet l'exercice de plusieurs autres Religions, ne voit point de nécessité à troubler l'exercice de celle qui ordonne de rendre à Cesar ce qui appartient à Cesar. Inquiéter le Peuple sur l'article de la Religion, eſt une politique dont le Prince reſſent tôt ou tard les ſuites funeſtes : qu'importe en effetau Prince que le Peuple s'adreſſe à Jupiter ou à tel autre Dieu que bon lui ſemblera , pourvû qu'il ſoit reſpecté , & que le Dieu quel qu'il ſoit, ne coupe point les canaux , qui rem pliſſent le tréſor du Prince ?

Veſpaſien ſoigne beaucoup ſa ſanté : pour la conſerver , il fait chaque mois diéte pendant un jour : il ſe fait faire des fréquentes frictions ſur les bras & les jambes , de ſorte qu'il eſt agile juſqu'à ſa mort , cauſée par un flux de ventre, à la neuviéme année de ſon regne heureux, & la ſoixante dix-neuviéme de ſon âge. Il eſt regreté & pleuré de tous les gens de bien.

M Le moyen le plus ſûr que je voye aux Princes de ſe faire reſpecter & craindre de leur Cour, eſt une vie reglée & une attention, non pas outrée, mais prudente, à conſerver leur ſanté. Les Miniſtres ſous de tels Princes, n'oſent point eſpérer que leurs maîtres pour ſe livrer à leurs paſſions, leur lâcheront les rênes du Gouvernement; & comme la vie reglée contribue beaucoup à la conſervation de la ſanté, le Prince pouvant vivre long-tems, les Miniſtres

s'attas'attachent à le bien ſervir, ſi ce n'eſt point par amour, du moins eſt-ce par intérêt.

Fin de la ſeconde Partie.

TABLE
DES CHAPITRES
De la seconde Partie.

Fautes à corriger.

PAGE 33 *ligne* 5. celle-ci, *lisez* celle-là.

Pag. 88. *lig.* 2. légimité, *lisez* legitimité.

Pag. 88. *lig.* 5. d'une illustre, *lisez* de l'illustre.

Pag. 136. *lig.* 5. prouve, *lis.* prouvent.

Pag. 141. *lig.* 17. gloutonnie *lis.* gourmandise.

Pag. 142. *lig.* 4. même faute à corriger.

APPROBATION.

J'Ai lû, par ordre de Monseigneur le Chancelier, un Ouvrage ayant pour titre : *Morale des Princes*. Je n'y ai rien trouvé qui doive en empêcher l'impression. Fait à Paris, ce vingt-six Mai mil sept cent cinquante-quatre. CAPPERONNIER.

PRIVILEGE DU ROI.

LOUIS, par la grace de Dieu, Roi de France & de Navarre : A nos Amés & Feaux Conseillers les Gens tenans nos Cours de Parlement, Maîtres des Requêtes ordinaires de notre Hôtel, Grand Conseil, Prevôt de Paris, Baillifs, Sénéchaux, leurs Lieutenans Civils & autres nos Justiciers qu'il appartiendra : SALUT. Notre Amé le Sieur J. B. Dupuy Demportes, Nous a fait exposer qu'il desireroit faire imprimer & donner au Public un Ouvrage qui a pour titre, *Morale des Princes, ou Réflexions politiques sur les Empereurs Romains, traduite de l'Italien du Comte Jean Baptiste* Comazzi, s'il nous plaisoit lui accorder nos Lettres de Privilege pour ce nécessaires. A ces Causes, voulant favorablement traiter l'Exposant, Nous lui avons permis & permettons par ces présentes de faire imprimer ledit Ouvrage autant de fois que bon lui semblera & de le vendre, faire vendre & débiter par tout notre Royaume pendant le tems de six années consécutives, à compter du jour de la date des Présentes. Faisons défenses à tous Imprimeurs, Libraires & autres personnes de quelque qualité & condition qu'elles soient, d'en introduire d'impression étrangere dans aucun lieu de notre obéissance; comme aussi d'imprimer & faire vendre, débiter ni contrefaire ledit Ouvrage, ni d'en faire aucun extrait, sous quelque prétexte que ce puisse être sans la permission expresse & par écrit dudit Exposant ou de ceux qui auront droit de lui, à peine de confiscation des exemplaires contrefaits, de trois mille livres d'amande contre chacun des contrevenans, dont un tiers à Nous, un tiers à l'Hôtel-Dieu de Paris & l'autre tiers audit Exposant, ou à celui qui aura droit de lui, & de tous dépens, dommages & intérêts. A la charge que ces Présentes seront enregistrées tout au long sur le Registre de la Communauté des Imprimeurs & Libraires de Paris, dans trois mois de la date d'icelles, que l'impression dudit Ouvrage sera faite dans notre Royaume & non ailleurs, en bon papier & beaux caractéres, conformément à la feuille imprimée attagchée pour modele sous le contrescel des Présentes. Que l'Impétrant se conformera en tout aux Réglemens de la Librairie, & notamment à celui du 10 Avril 1725, qu'avant de l'exposer en vente, le Manuscrit qui aura servi de copie à l'impression dudit Ouvrage sera remis dans le même état où l'Approbation y aura été donnée, ès mains de notre très-cher & féal Chevalier Chancelier de France le Sieur de Lamoignon, & qu'il en sera ensuite remis deux exemplaires dans notre Bibliothéque publique, un dans celle de notre très-cher & féal Chevalier Chancelier de France le sieur de Lamoignon, & un dans celle de notre très-cher & féal Chevalier Garde des Sceaux de France le Sieur de Machault Commandeur de nos Ordres, le tout à peine de nullité des Présentes, du contenu desquelles vous mandons & enjoignons de faire jouir ledit Exposant & ses ayant causes pleinement & paisiblement sans souffrir qu'il leur soit fait aucun trouble ou empêchement. Voulons que la copie des Présentes qui sera imprimée tout au long au commencement ou à la fin de l'Ouvrage, soit tenue pour dûement signifiée, & qu'aux Copies collationnées par l'un de nos Amés & Féaux Conseillers Sécretaires, foi soit ajoutée comme à l'Original, Commandons au premier notre Huissier ou Sergens sur ce requis de faire pour l'exécution d'icelles, tous Actes requis & nécessaires, sans demander autre permission & nonobstant clameur de Haro, Charte Normande & Lettres à ce contraires. Car tel est notre plaisir. Donné à Versailles le premier jour du mois de Mai, l'an de grace mil sept cent cinquante-quatre, & de notre Regne le trente-neuviéme. Par le Roi en son Conseil.

PERRIN.

Registré sur le Registre treize de la Chambre Royale des Libraires & Imprimeurs de Paris, N. 368 fol. 292 conformément au Réglement de 1723. qui fait défens art. 4. à toutes personnes de quelque qualité qu'elles soient, autres que les Libraires & Imprimeurs de vendre & débiter & faire afficher aucun livres pour les vendre en leurs noms, soit qu'ils s'en disent les Auteurs ou autrement, & à la charge de fournir à la sususdite Chambre neuf exemplaires prescrits par l'Art. 108 du même Réglement. A Paris le 21 Juin 1754

B. BRUNET, Adjoint.

www.ingramcontent.com/pod-product-compliance
Ingram Content Group UK Ltd.
Pitfield, Milton Keynes, MK11 3LW, UK
UKHW022056260726
13993UKWH00001B/155

9 782329 222066